Guide de gestion d'un projet

Microsoft Project 2016

Michel Nadeau, ing.

JFD Éditions

Guide de gestion d'un projet – Microsoft Project 2016
Michel Nadeau, ing.

Catalogage avant publication de Bibliothèque et Archives nationales du Québec et Bibliothèque et Archives Canada

Guide de gestion d'un projet – Microsoft Project 2016

Michel Nadeau, ing.

ISBN 978-2-924651-87-2

1. Microsoft Project – Manuels d'enseignement supérieur. 2. Gestion de projet – Logiciels – Manuels d'enseignement supérieur.

HD69.P75N32 2018 658.4'040285 C2018-941308-5

Les Éditions JFD inc.
CP 15 Succ. Rosemont
Montréal (Québec)
H1X 3B6
Téléphone : 514-999-4483
Courriel : info@editionsjfd.com
www.editionsjfd.com

ISBN : 978-2-924651-87-2
Dépôt légal : 3e trimestre 2018
Bibliothèque et Archives nationales du Québec
Bibliothèque et Archives Canada

Je tiens à remercier M. Martin Dumas, B. Sc., MBA, enseignant au Département de génie civil du Cégep Limoilou, de m'avoir gracieusement laissé utiliser, en guise d'exemple pour des saisies d'écran, la séquence de tâches d'un projet de génie municipal qu'il donne dans le cours du même nom.

Un merci particulier à Mme Brigitte Grégoire pour la révision linguistique du livre.

Michel Nadeau

Imprimé au Québec, Canada

Table des matières

Introduction

Ce document est conçu de façon à être utilisé comme guide de gestion des tâches d'un projet à l'aide de MS-Project 2016. Il présente, à l'aide de logigrammes, ce qu'il faut faire (le QUOI) tandis que la façon de faire (le COMMENT) fait l'objet du texte qui suit auquel sont ajoutées de nombreuses saisies d'écran. La numérotation hiérarchisée utilisée permet au lecteur, en tout temps, de passer du QUOI au COMMENT facilement.

Ainsi, au chapitre 2, page 16, un logigramme énonce les étapes pour planifier les tâches. À titre d'exemple, la marche à suivre pour réaliser l'étape *2.2 – Hiérarchiser les tâches* est expliquée en page 17.

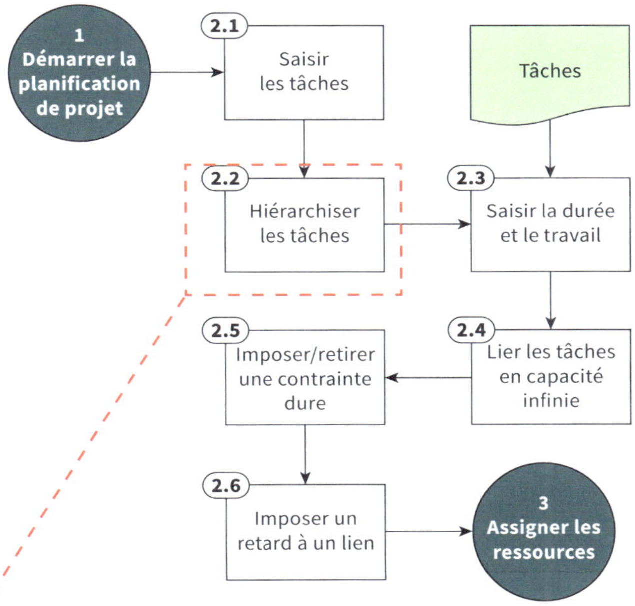

2.2 Hiérarchiser les tâches

- Créez structure WBS en regroupant les tâches sous des tâches récapitulatives de façon à représenter des phases ou des lots de travail.

Nom de la tâche	Durée	Travail
1 Profil terrain naturel, profils de rues, position des regards	**24 jours**	**10,75 hr**
1.1 Déterminer le chaînage	9 jours	3 hr
1.2 Déterminer les altitutes pour chacuns des chaînages	**3 jours**	**1 hr**

Le processus de gestion d'un projet

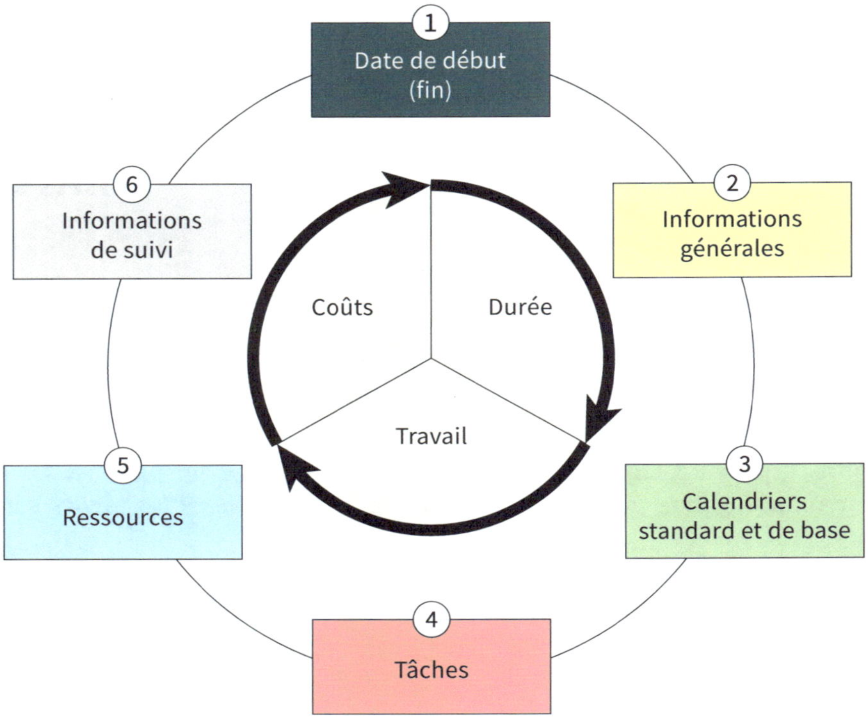

Tout processus servant à fournir des informations nécessaires pour gérer efficacement est constitué ainsi :

Et la gestion de projet n'y échappe pas. Ainsi :

- Les *Intrants* sont constitués de toutes les informations nécessaires fournies au système, puis traités durant un processus pour obtenir les extrants désirés. Les principaux intrants à saisir sur MS-Project sont :
    1. La Date de début (ou de fin);
    2. Les Informations générales décrivant le projet;
    3. Les Calendriers standard et de base;
    4. Les Tâches : WBS, liens et contraintes;
    5. Les Ressources : noms, quantités et affectations;
    6. Les informations de suivi : date d'état, avancement des tâches (durée, travail, coûts).
- Le *Traitement* constitue la transformation des intrants en extrants. Dans le cas de MS-Project, c'est ce que le logiciel réalise avec les intrants pour produire un diagramme de Gantt et les statistiques y étant reliées, tant durant le suivi du projet qu'au cours de sa planification;
- Les *Extrants* constituent le résultat désiré en matière de Durée, de Travail (portée ou qualité) et de Coût du projet.

Il est ainsi important de toujours garder en tête que les résultats que le logiciel fournit sont en lien avec les intrants. Par conséquent, lorsque les extrants ne correspondent pas à ce qui est désiré, ce sont généralement les intrants qui sont en cause.

Sommaire du processus

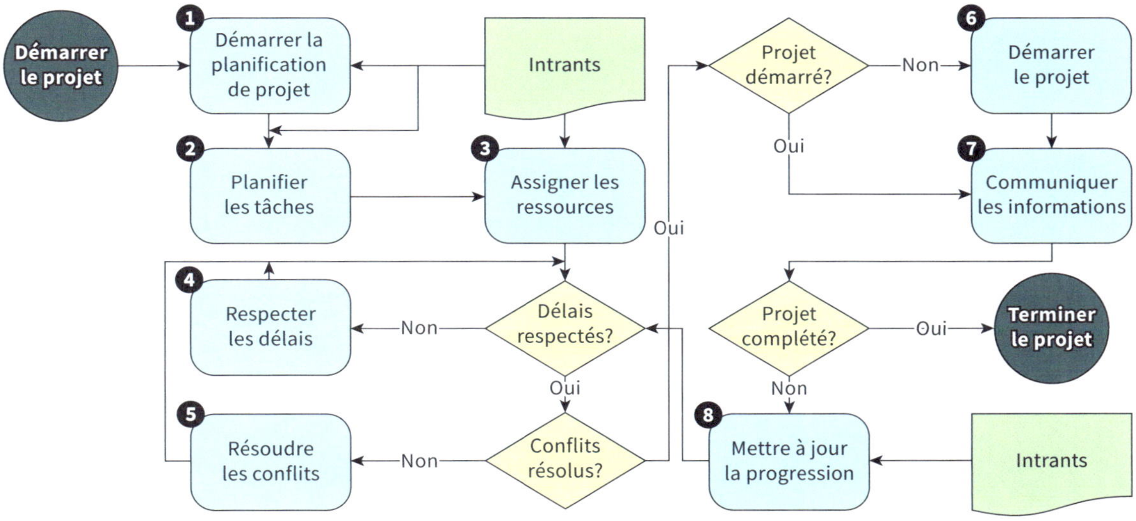

Intrants

Date début	• Date de début (ou de fin)
Informations générales	• Titre du projet • Sujet • Auteur • Responsable • Société • etc.
Calendriers standard et de base	• Heures début/fin par défaut • Calendrier des heures et journées ouvrées • Journées fériées • Facteurs de conversion des unités de temps
Tâches	• Noms. • Durées. • Contraintes. • Liens (PERT). • Organisation (WBS).
Ressources	• Noms. • Type (travail, matérielle, coût). • Capacité max. • Taux (standard, heures supplémentaires). • Affectations.
Informations de suivi	• Date d'état. • Durée, travail et coût réels. • Durée, travail et coût restants. • Difficultés rencontrées.

1 Démarrer une planification de projet

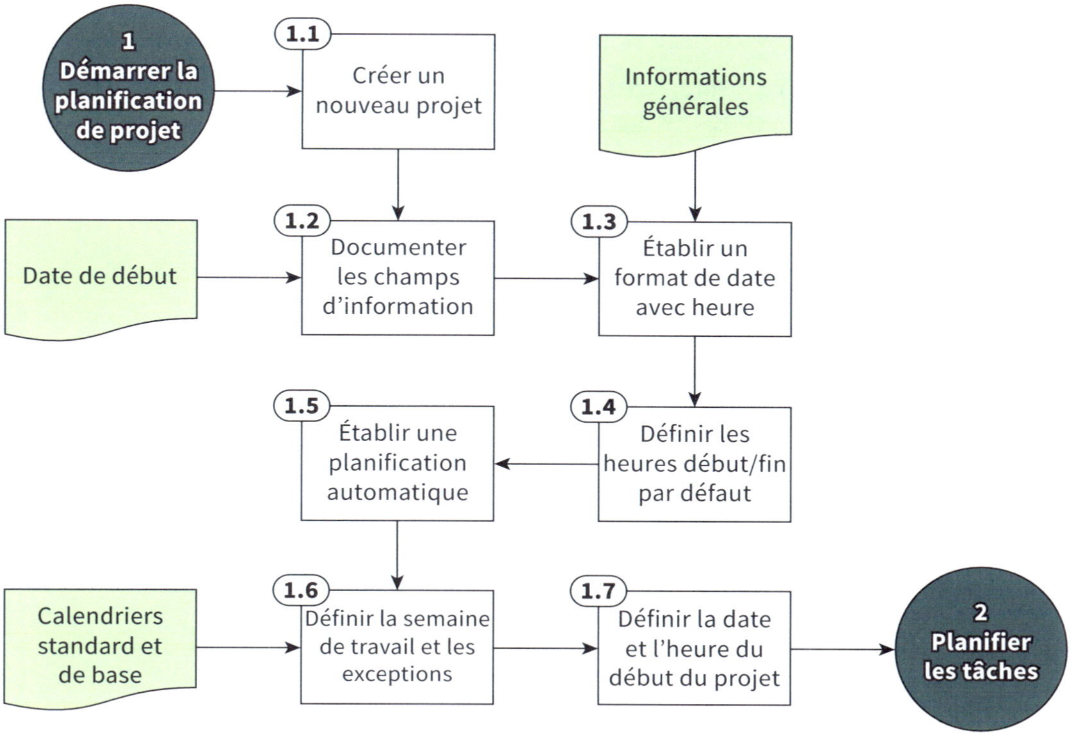

Avant de démarrer un nouveau projet, assurez-vous d'avoir en votre possession, tous les intrants nécessaires à sa planification et toutes les informations y étant reliées.

1.1 Créer un nouveau fichier de projet

- ***Fichier → Nouveau → Nouveau projet*** : Permet de créer un nouveau document Project.
- ***Fichier → Enregistrer sous*** : Permet d'attribuer un titre **représentatif**[1] au document.

1.2 Documenter les champs d'information du projet

- ***Fichier → Informations → Informations sur le projet → Propriétés avancées*** : Permet de saisir les informations pertinentes sur le projet.

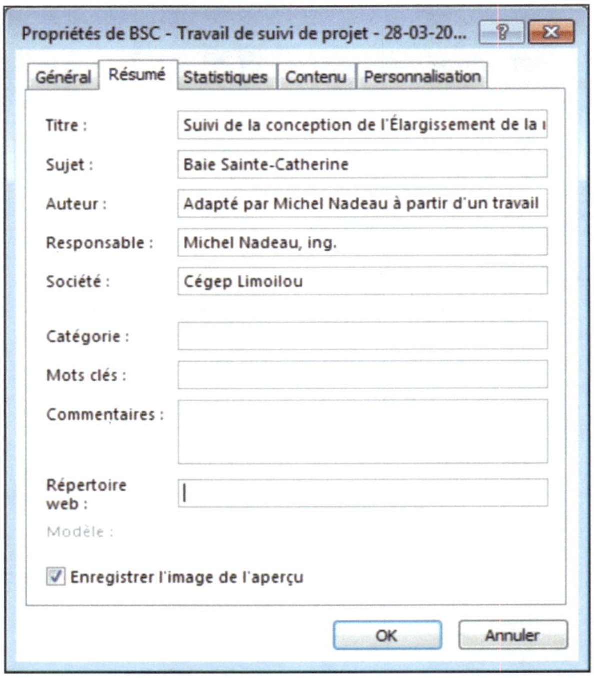

- Remplissez, au minimum, les champs Titre, Sujet, Auteur, Responsable et société.

1.3 Établir un format de date avec heure

- Onglet ***Fichier***, menu ***Options***, section ***Général***, sous-section ***Affichage Project*** sélectionnez le ***Format de date***.

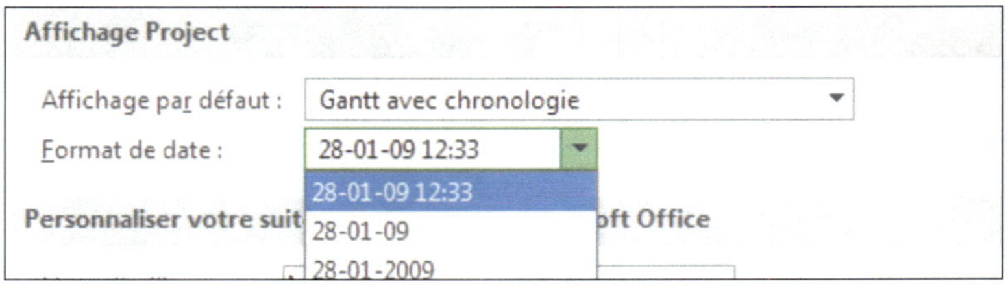

[1] Un titre représentatif est essentiel à tout projet afin de l'identifier rapidement. Soyez le plus spécifique que possible au projet que vous planifiez.

1.4 Définir les heures début/fin par défaut ainsi que les bases de conversion des unités de temps

- Onglet ***Fichier***, menu ***Options***, section ***Échéancier***, sous-section ***Options de calendrier pour ce projet*** :

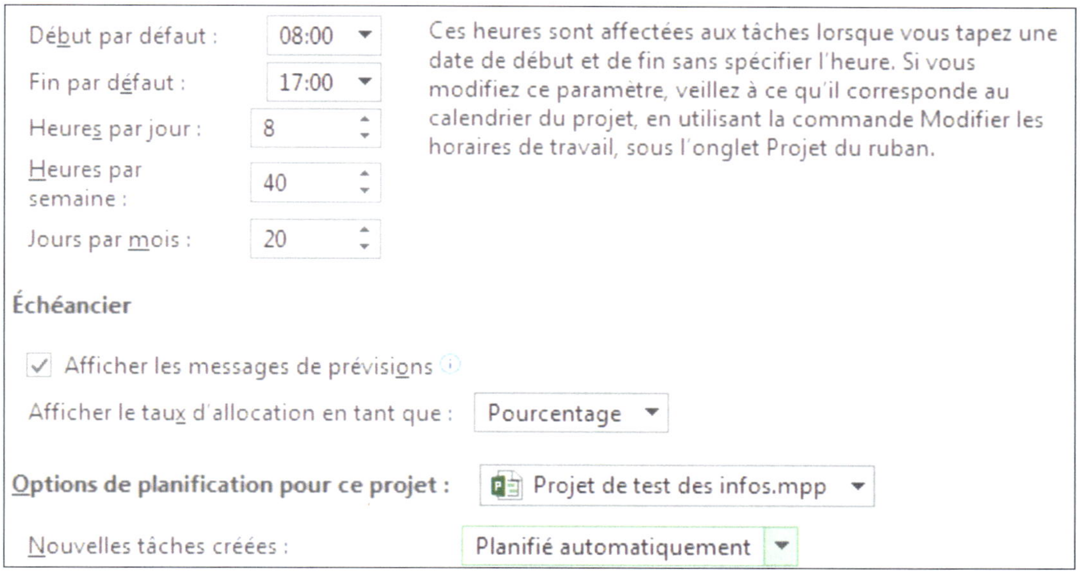

- Précisez les informations :
  - Début par défaut
  - Fin par défaut
  - Heures par jour
  - Heures par semaine

1.5 Établir que les nouvelles tâches seront créées selon une planification automatique

- Onglet ***Fichier***, menu ***Options***, section ***Échéancier***, sous-section ***Options de planification pour ce projet*** :

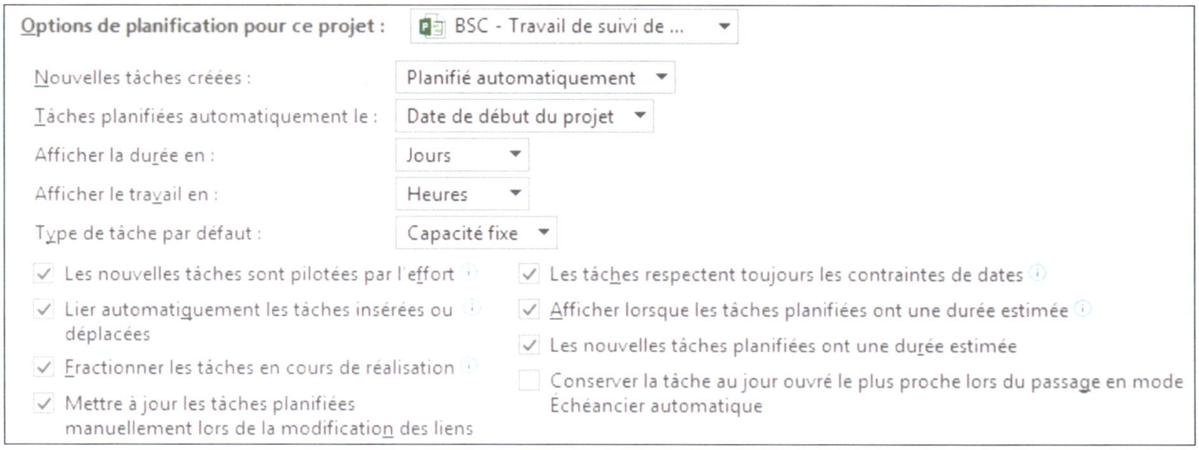

1.6 Définir la semaine de travail et les exceptions

a) Semaine de travail par défaut

- Onglet ***Projet***, bouton ***Modifier le temps de travail***, Onglet ***Semaines de travail***, Bouton ***Détails***.
- Sélectionnez les journées travaillées (ex. : du lundi au vendredi).
- Cliquez l'option ***Définir les jours comme le temps de travail spécifique***.
- Saisissez les heures de début et de fin pour chacune des périodes am et pm.

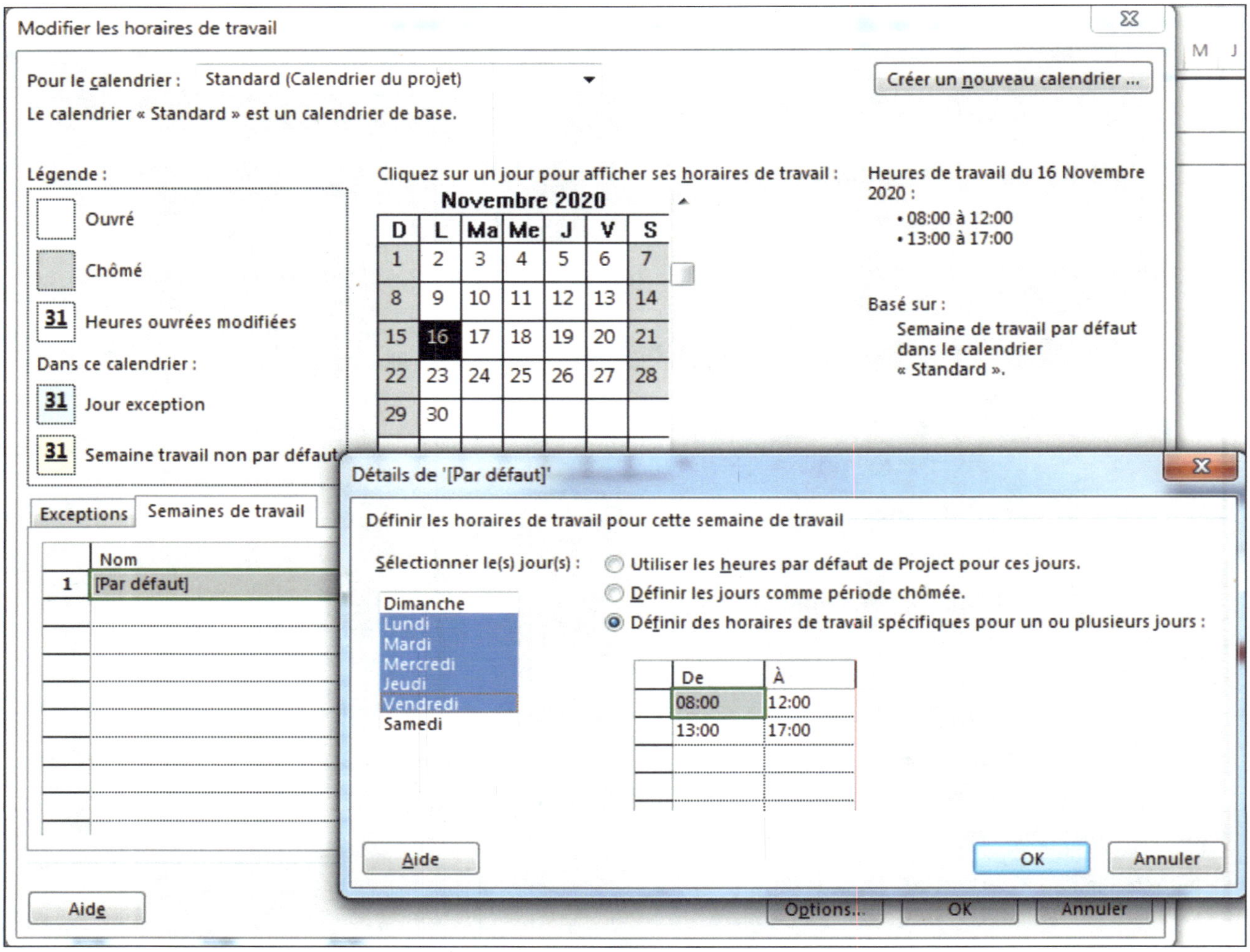

b) Exceptions

- Onglet ***Projet***, bouton ***Modifier le temps de travail***, Onglet ***Exceptions***.
- Sélectionnez une journée fériée dans le calendrier.
- Saisissez le nom du congé sous ***Nom*** dans le tableau ***Exceptions***.
- Recommencez pour chacune des journées fériées à établir.

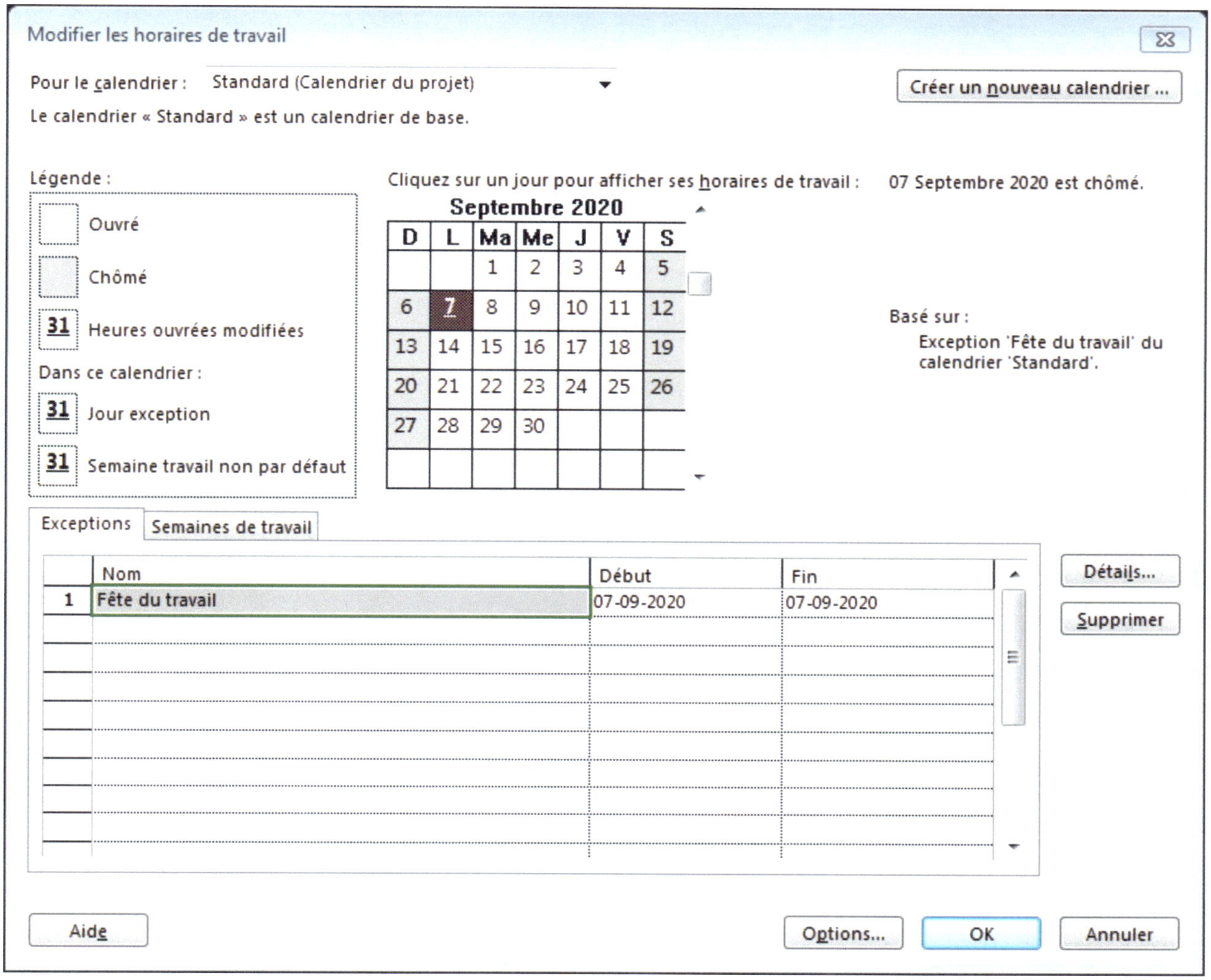

1.7 Définir la date et l'heure de début du projet

- Onglet ***Projet***, groupe ***Propriétés***, bouton ***Informations sur le Projet → Date de début*** sélectionnez la date et l'heure de début du projet.

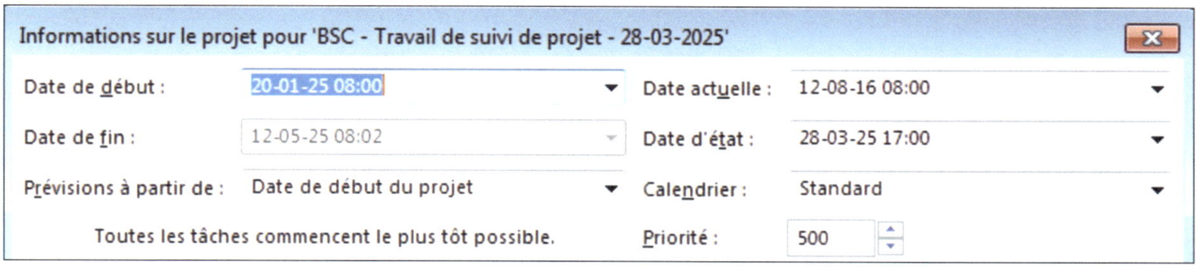

- Notez qu'il est également possible de planifier un projet par la date de fin. Cela est particulièrement pertinent pour les projets dont l'échéance est capitale. Par exemple la tenue d'un événement : spectacle, lancement, gala, etc.

2 Planifier les tâches

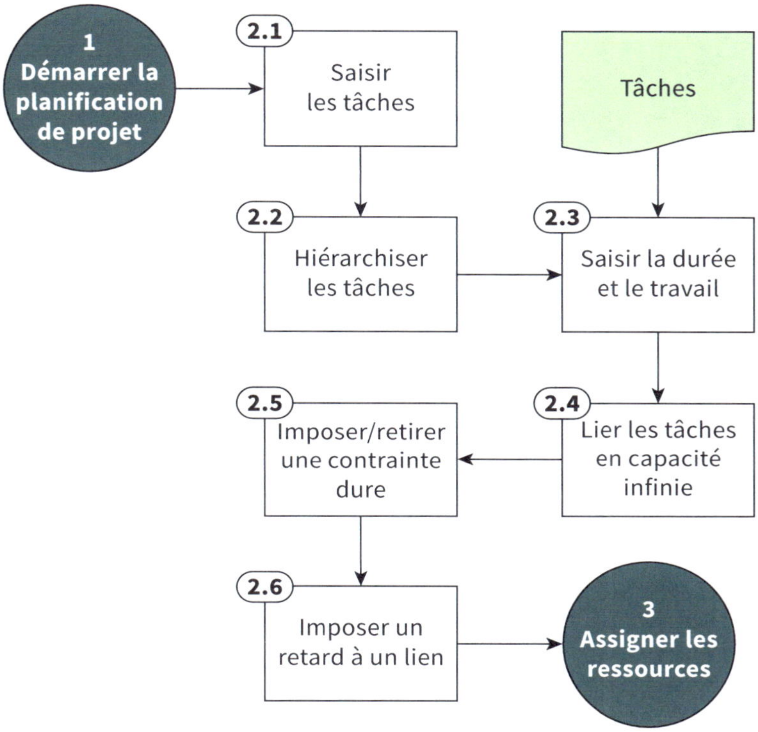

Durant la phase de planification, vous concevez un schéma réalisable pour accomplir les objectifs du projet. Pour ce faire, vous identifiez les jalons, les éléments à livrer et les tâches du projet. Vous structurerez votre projet de façon systématique afin d'en faciliter le suivi lors de la réalisation. Pour ce faire, vous devez créer un WBS (Work Breakdown Structure) avant de procéder à la saisie des tâches ou durant l'élaboration du projet.

2.1 Saisir les tâches

Onglet ***Tâche***, groupe ***Insérer***.

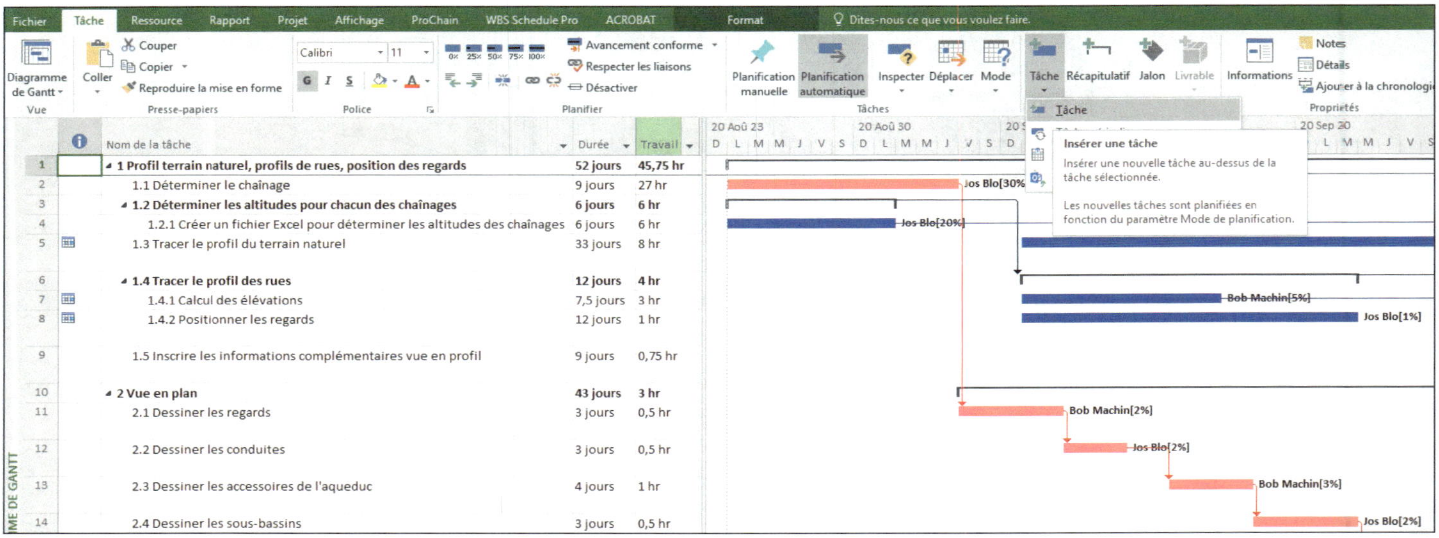

- Sous l'***Affichage → Diagramme de Gantt*** : Dans le champ ***Nom de la tâche*** de la section Tableau de l'écran de MS-Project, saisissez le nom de chacune des tâches :

  a) Tâche avec marge : tâche normale avec une durée autre que zéro et dont la marge est non nulle. Elle apparaît en bleu par défaut;

  b) Marge : flottement établi par le jalonnement. C'est le temps qui sépare les fins au plus tôt et au plus tard d'une tâche sans influencer la durée du projet;

  c) Tâche critique : tâche avec une durée autre que zéro et dont la marge est nulle. Elle apparaît généralement en rouge lorsque l'utilisateur active l'option;

  d) Jalon : tâche avec une durée zéro. Représentée par un losange noir;

  e) Tâche récapitulative : tâche regroupant une série de sous-tâches subordonnées, définies selon la structure WBS établie. En génie civil, on parle généralement de lot de travail;

f) Ressource : personne (ou groupe de personnes) affectée à une tâche. Le pourcentage y étant relié représente le rapport entre le nombre d'heures de travail et la durée de la tâche;

g) Échéance : flèche verte dans le Gantt permettant de rappeler une date à ne pas dépasser. Un avertissement apparaît dans la colonne *Indicateurs* lorsque l'échéance est dépassée en mode suivi.

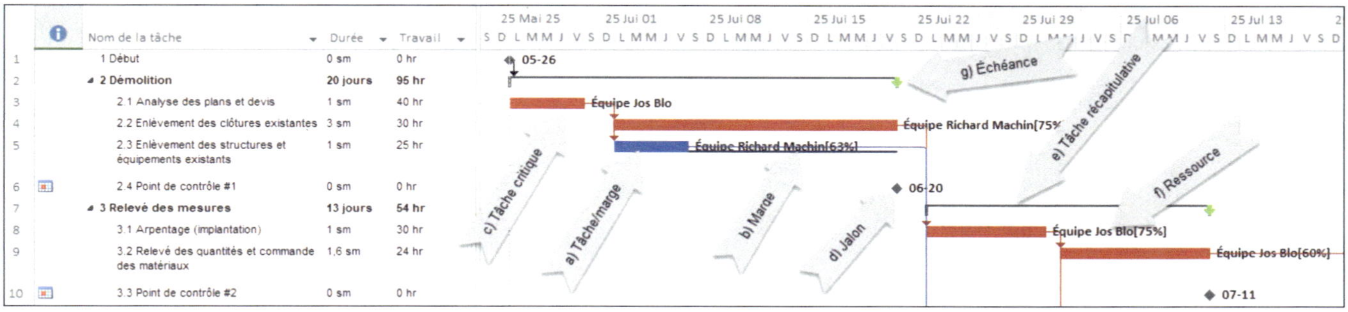

2.2 Hiérarchiser les tâches

- Créez une structure WBS en regroupant les tâches sous des tâches récapitulatives de façon à représenter des phases ou des lots de travail.

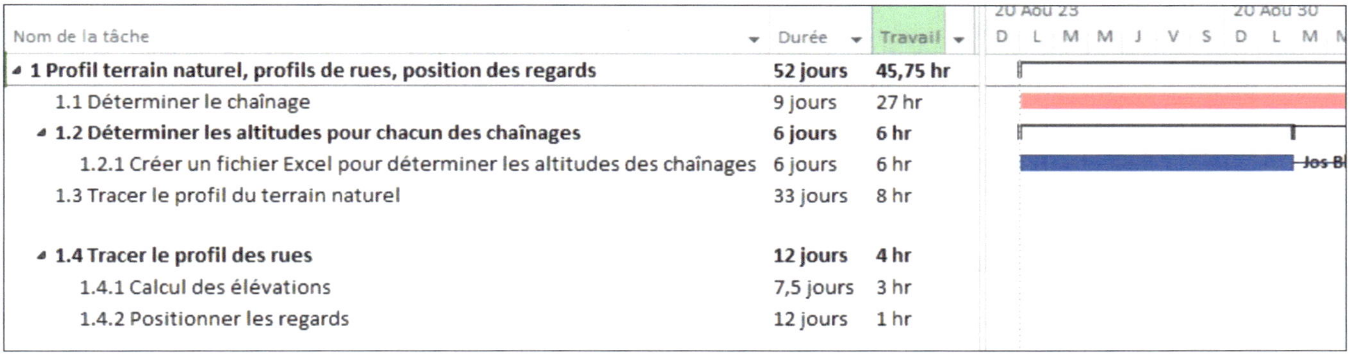

Nom de la tâche	Durée	Travail
1 Profil terrain naturel, profils de rues, position des regards	**52 jours**	**45,75 hr**
1.1 Déterminer le chaînage	9 jours	27 hr
1.2 Déterminer les altitudes pour chacun des chaînages	**6 jours**	**6 hr**
1.2.1 Créer un fichier Excel pour déterminer les altitudes des chaînages	6 jours	6 hr
1.3 Tracer le profil du terrain naturel	33 jours	8 hr
1.4 Tracer le profil des rues	**12 jours**	**4 hr**
1.4.1 Calcul des élévations	7,5 jours	3 hr
1.4.2 Positionner les regards	12 jours	1 hr

- Sélectionnez une ou plusieurs tâches, puis cliquez sur le bouton ***Abaisser*** pour en faire des tâches subordonnées. Dans l'exemple ci-contre les tâches 1.1 et 1.2 sont subordonnées à la tâche 1.

- ***Hausser*** pour les ramener au niveau hiérarchique immédiatement supérieur de la tâche.

- Créez une structure WBS en regroupant les tâches sous des tâches récapitulatives de façon à représenter des lots de travail.

- Sélectionnez une ou plusieurs tâches, puis cliquez sur le bouton ***Abaisser*** pour en faire des tâches subordonnées ou ***Hausser*** pour les ramener au niveau hiérarchique immédiatement supérieur de la tâche.

2.3 Saisir la durée et le travail

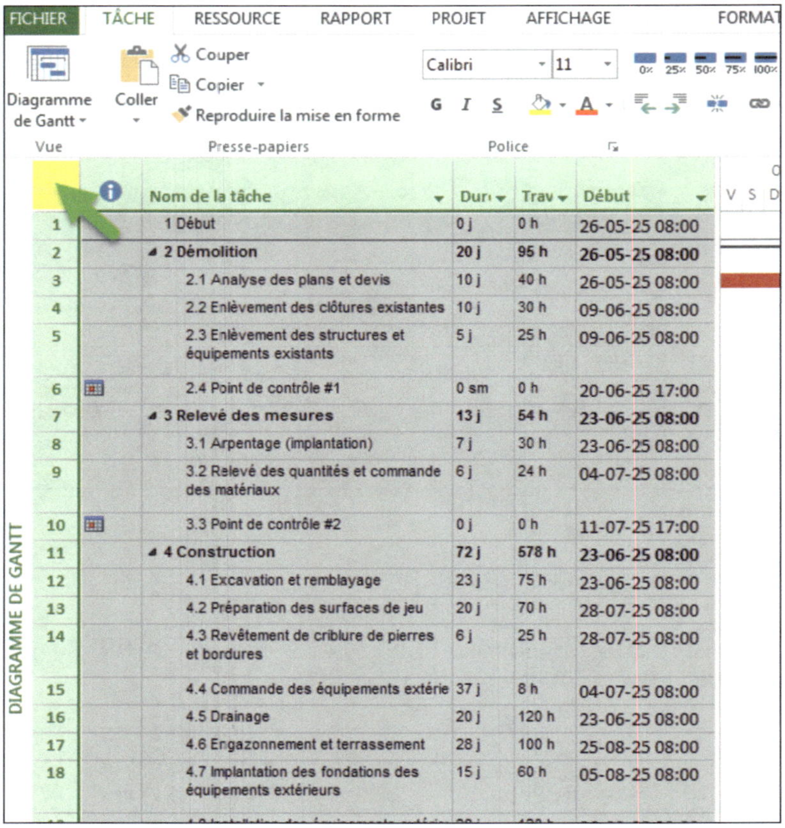

- Il est une bonne pratique de fixer d'abord une durée identique pour chacune des tâches. Selon l'ampleur du projet que vous planifiez, cette durée peut être en jours, en semaines ou même en mois. Une durée de 5 jours ou une semaine semble raisonnable pour la majorité des projets de ce cours.

- Sélectionnez toutes les tâches du projet en cliquant sur le coin supérieur gauche de la table (fenêtre de gauche du diagramme de Gantt), accédez à la fenêtre Information et saisissez la durée désirée.

- Pour spécifier un jalon, saisissez la valeur **0 j** dans le champ Durée.

- N'entrez jamais une date de début et de fin pour spécifier la durée d'une tâche, car cela imposera une contrainte dure à la tâche. Celle-ci est représentée par une icône de calendrier apparaissant dans la colonne . Une telle contrainte a pour effet d'imposer une date précise à respecter par cette tâche. Référer à la section *Imposer/Retirer une contrainte dure* ci-après pour davantage d'information. Saisissez donc la durée de la tâche seulement et laissez Project définir automatiquement les dates en fonction des différents liens que vous saisirez à l'étape suivante. De plus, lors de l'affectation de ressources, les dates pourront également changer selon les taux d'affectation.

- MS-Project transforme toute durée en minutes en fonction des facteurs de conversion que vous avez définis dans la section 1. Il est donc possible d'exprimer une durée en minutes, heures, jours, semaines ou en mois.

- Après avoir ajouté la colonne ***Travail*** à la suite de celle de la ***Durée***, ajoutez le travail requis, en heures, pour chacune des tâches énoncées. Le travail étant ce qu'exige la réalisation d'une tâche donnée en termes d'heures-personne. Ainsi, si cette tâche est réalisée par une seule personne, le travail équivaut au nombre d'heures que le promoteur du projet devrait payer à cet employé pour qu'il réalise la tâche au complet sans égard à sa durée.

N.B. Le suffixe « é » peut être ajouté à l'unité de temps afin de spécifier à Project qu'il s'agit d'une durée écoulée. Le temps écoulé signifie que l'activité ne tient pas compte des heures ouvrables. On utilise généralement ce suffixe pour une période de cure de béton, le séchage de la peinture ou du plâtre, etc. Ainsi 5jé signifie 5 jours écoulés.

Relation Durée vs Travail : À la section 3, nous verrons qu'il y a une relation directe entre la durée d'une tâche et le travail qu'elle génère. Ainsi, selon le nombre de ressources affectées à une tâche donnée, sa durée sera plus ou moins grande. Nous considérerons donc la durée au moment d'affecter les ressources aux tâches.

2.4 Lier les tâches en capacité infinie

- En gestion de projet, il est impératif d'abord de planifier les tâches comme si les ressources étaient illimitées. Ainsi, seuls les liens essentiels seront créés entre les tâches, ce qui mènera à l'échéance du projet la plus courte possible. Ce n'est que dans un deuxième temps que les ressources seront prises en compte dans le projet. Nous verrons, dans la prochaine section, l'assignation des ressources.

- À chaque tâche, vous devez vous poser la question à savoir si d'autres tâches doivent être complétées avant le début de celle qui est concernée. Dans le cas où aucune tâche n'est préalable, la tâche doit commencer en début de projet. Dans le cas contraire, réalisez les liens **nécessaires** seulement.

- Pour ce faire, sélectionnez les tâches à lier, puis cliquez sur le bouton ***Lier les tâches*** dans le ruban ***Tâches***. Pour modifier le type de dépendance par défaut Fin à début, double-cliquez sur la ligne située entre les tâches, dans la fenêtre Gantt, que vous souhaitez modifier, puis sélectionnez une liaison de tâche qui vous convient dans la liste ***Type***.

Type de lien	Représentation
FD : Fin à début (par défaut), la tâche B ne peut débuter avant que la tâche A ne soit terminée, mais peut débuter après. Ex. : Il faut que les murs soient levés avant de mettre le toit.	
DD : Début à début, la tâche B ne peut débuter avant que la tâche A ne soit débutée, mais peut débuter après. Ex. : La pose du gypse ne peut pas débuter tant que la pose des boîtes électriques n'est pas débutée.	
FF : Fin à fin, la tâche B ne peut se terminer avant que la tâche A ne soit terminée, mais peut se terminer après. Ex. : La pose des accessoires de plomberie (éviers, toilettes, robinetterie, etc.) ne peut pas se terminer tant que la pose des armoires n'est pas terminée.	
DF : Début à fin, la tâche B ne peut se terminer avant que la tâche A ne soit débutée, mais peut se terminer après. Ex. 1. : On ne peut pas arrêter le système ERP actuel tant que le nouveau n'est pas fonctionnel.	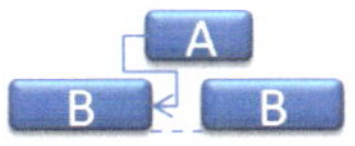

2.5 Imposer/retirer une contrainte dure

Par défaut, une tâche est créée selon une contrainte « Dès que possible ». Ainsi lorsque la durée d'une tâche est modifiée, les tâches qui lui succèdent et qui lui sont liées voient leur échéance modifiée. Project offre la possibilité d'imposer une date en affectant la tâche d'une contrainte « dure » : « Début au plus tôt le », « Début au plus tard le », « Doit commencer le », etc. Lorsqu'utilisée, cette fonction affiche une icône dans la colonne *indicateurs*. Par inadvertance, il peut arriver que l'on déplace une tâche graphiquement. Cela a pour effet d'imposer automatiquement une contrainte dure à la tâche donnée. Pour retrouver une contrainte de type « Dès que possible » et faire disparaître l'icône de la colonne information, on doit accéder à la fenêtre informations, à partir de l'onglet Tâche, groupe Propriétés.

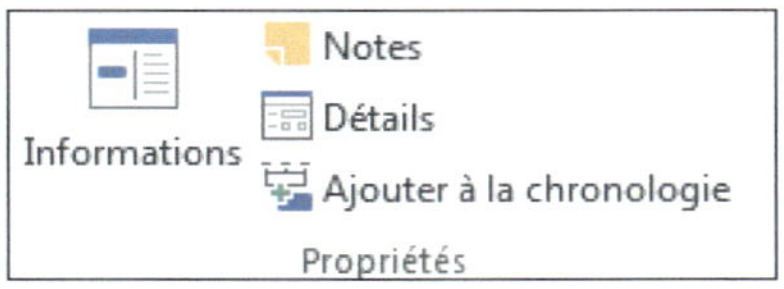

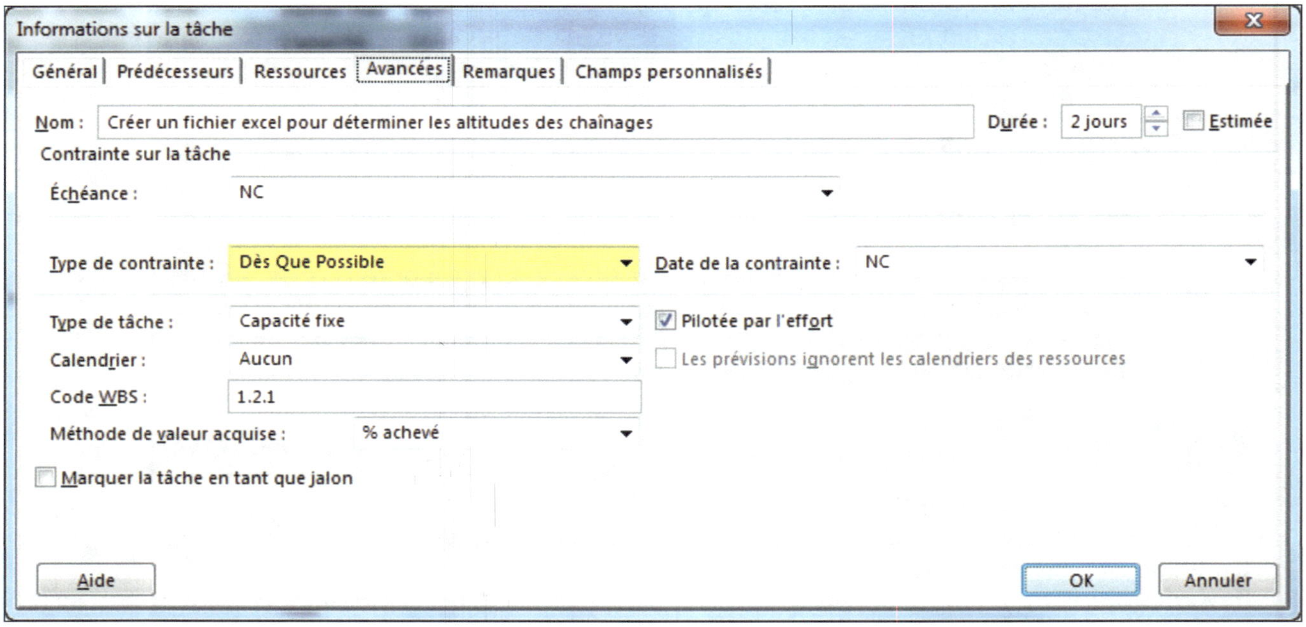

2.6 Imposer un retard à un lien

- Il est possible d'imposer un retard (positif ou négatif) à un lien de façon à décaler la tâche qui succède. Pour ce faire, il suffit d'éditer le lien en double-cliquant directement sur celui-ci ou par le bouton *Informations* de l'onglet ***Tâche***, groupe ***Propriétés***, onglet ***Prédécesseur***. On peut représenter, par exemple qu'une tâche B ne débuter que 2 jours après la fin d'une tâche A, pour des raisons de délai de livraison par exemple. La figure ci-après indique un retard positif de 2 j.

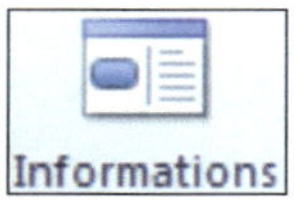

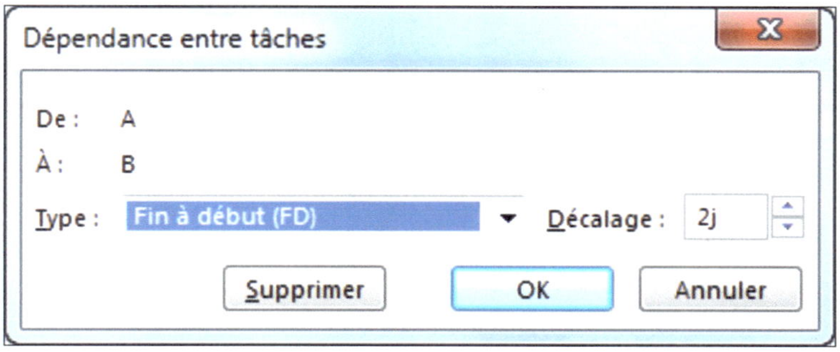

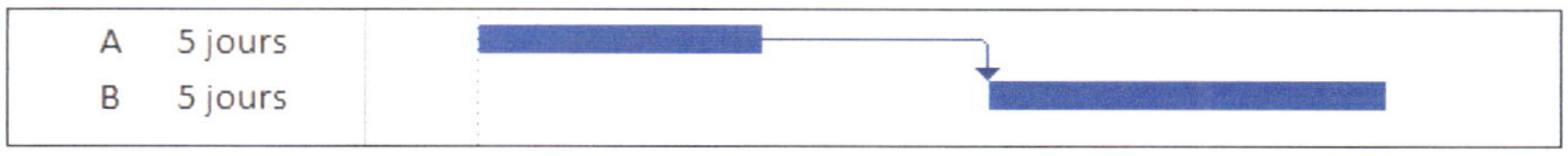

- De la même façon, si la tâche B peut débuter à 40 % de la fin de la tâche A, vous pouvez imposer un retard négatif de 40 % à un lien de fin à début (FD) et le résultat sera le suivant :

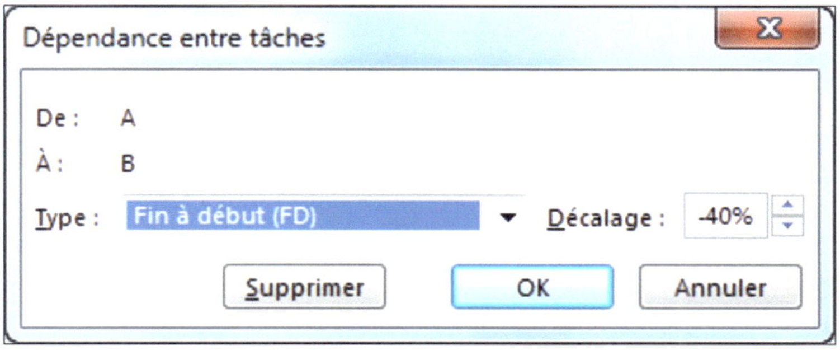

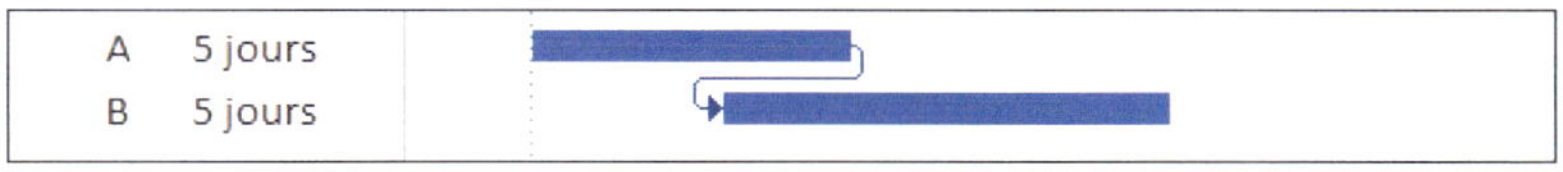

Un retard peut être énoncé en unité de temps de durée (heures, jours, semaines, mois) ou en % et peut être négatif ou positif.

3 | Assigner les ressources

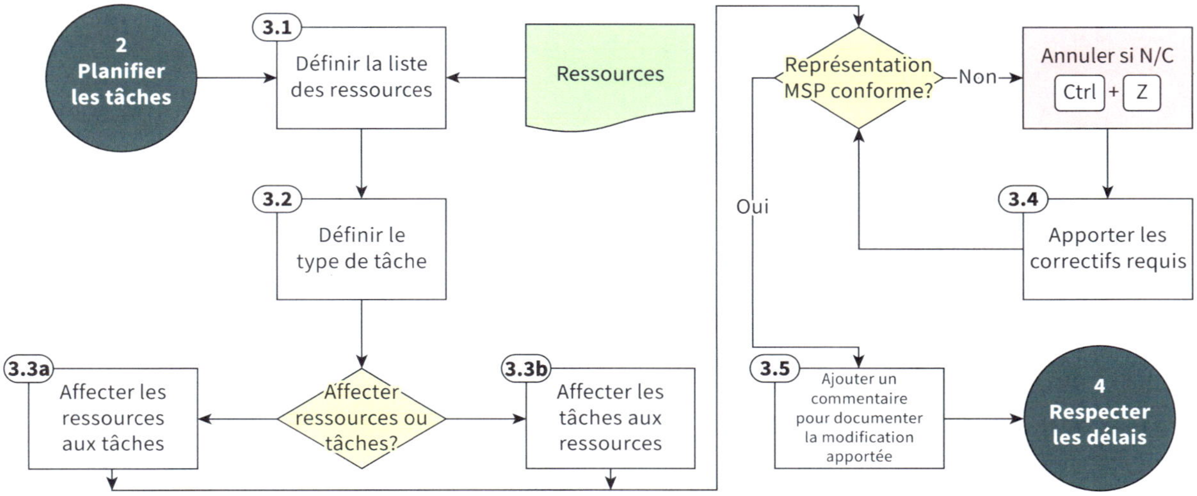

Les affectations de ressources sont des associations entre des tâches spécifiques et les ressources nécessaires pour les mener à bien. Vous pouvez affecter plusieurs ressources à une tâche et une même ressource à plusieurs tâches. En plus des ressources de travail, vous pouvez affecter des ressources matérielles et des ressources de coûts aux tâches.

3.1 Définir la liste des ressources

Affichage → Tableau des ressources 

- **Nom de la ressource** : Saisir le nom de chacune des ressources que vous utiliserez pour ce projet.
- **Type** :
  - Travail : Personnes et équipements qui seront affectés aux diverses tâches du projet (ex. : électricien, plâtrier, conducteur de pelle mécanique).
  - Matériel : matériel requis pour le projet (ex. : bois, béton, MG-20, etc.).
  - Coût : Frais divers pour une tâche (ex. : frais d'hébergement ou dépenses de voyage du chef de chantier).

3.2 Définir le type de tâche

De ces 3 paramètres :

1. **Un** de ces paramètres doit être saisi par l'utilisateur;
2. Le **2e** doit être fixe;
3. Le **3e** sera recalculé par Project.

Dès que vous affectez plus d'une ressource à une tâche, Project détermine la planification de la tâche en fonction du type de tâche. Il s'agit d'un algorithme de calcul basé sur l'équation suivante :

$$\text{Travail} = \text{Unité} \times \text{Durée}$$
$$T = U \times D$$

- Travail (T) : le nombre d'heure-personne de travail (le travail que réalisera une personne dans une heure) nécessaire à la réalisation d'une tâche (heure-homme, jour-personne, etc.).
- Unité (U) : le nombre de personnes requis pour réaliser une tâche s'exprimant en unités (3 personnes, 2,5 personnes, etc. ou en %).
- Durée (D) : le temps nécessaire pour réaliser une tâche (en heures, jours, semaines ou mois).

N.B. Vous devez vous soucier du type de tâche (durée, Unité ou travail fixe) seulement lorsque vous affectez une ressource à une tâche à laquelle une ou des ressources sont déjà affectées.

Fonctionnement des types de tâches

Essentiellement, vous pouvez saisir n'importe lequel des trois paramètres, en fixer un deuxième et Project recalculera le troisième. Ainsi, à titre d'exemple, si pour une tâche de 10 jours (D), une ressource est déjà affectée à 100 % (1 unité – U) le travail résultant sera de 10 jours-personne de travail.

Si vous décidez d'affecter une deuxième ressource afin d'aider la première dans le but de terminer plus rapidement la tâche, vous augmenterez les unités (U) à 2, vous sélectionnerez le type de tâche ***Travail fixe*** et Project recalculera la nouvelle durée qui deviendra de 5 jours.

T = U × D
Avant : 10 j. pers. = 1 pers. × 10 j
Après : 10 j. pers. = 2 pers. × 5 j

Le tableau ci-dessous donne le résultat de Project après des modifications en considérant un paramètre fixe[1] :

Type de tâche	Si vous modifiez les unités...	Si vous modifiez la durée...	Si vous modifiez le travail...
Durée fixe	Le travail change	Le travail change	Les unités **ne changent pas**
Unités fixes	La durée change	Le travail change	La durée change
Travail fixe	La durée change	Les unités **ne changent pas**	La durée change

N.B. ***Fichier → Options → Échéancier***, section ***Options de planification pour ce projet, Type de tâche par défaut*** : définit un type de tâche par défaut pour l'ensemble des tâches du projet en cours.

En sélectionnant l'ensemble des tâches par un clic au coin supérieur gauche du tableau, vous pouvez accéder au bouton *Informations* du groupe *Propriété* de l'onglet *Tâches* et modifier les options pour toutes les tâches dont le type de tâche.

Option *Piloté par l'effort*

- Afin d'assurer toute la flexibilité désirée en ce qui a trait à l'ajout ou retrait de ressources, MS-Project a prévu l'option *Piloté par l'effort*. Lorsqu'activée, elle permet de répartir la charge de travail entre les ressources. Ainsi, le fait d'ajouter une ressource à une tâche de 10 j et de 80 h de travail aura pour effet de diminuer la durée de moitié.
- Si l'option n'est pas activée, l'ajout ou le retrait de ressources aura pour effet de faire varier :
  - la durée lorsque le type de tâche est en *unité fixe*.
  - l'unité lorsque le type de tâche est en *durée fixe*.
- Le tableau ci-dessous résume les situations possibles en considérant une tâche de 10 j de durée à laquelle une ressource « x » est affectée à temps plein (100 %) donc de 80 h de travail. Nous avons ajouté une ressource « r » an activant ou non l'option *Piloté par l'effort*. Ainsi PE (Piloté par l'Effort) correspond à l'option activée tandis que NPE (Non Piloté par l'Effort) correspond à l'option désactivée.

[1] Notez que l'auteur conseille d'utiliser la règle énoncée en page précédente référant l'équation T = U × D plutôt que d'apprendre le tableau par cœur.

Nom de la tâche	Durée	Unités d'affectation	Travail
A – Unités fixes – NPE	10 jours	–	160 h
x	–	*100 %*	*80 h*
r	–	*100 %*	*80 h*
B – Unités fixes – PE	5 jours	–	80 h
y	–	*100 %*	*40 h*
r	–	*100 %*	*40 h*
C – Durée fixe – NPE	10 jours	–	160 h
z	–	*100 %*	*80 h*
r	–	*100 %*	*80 h*

3.3 Affecter les ressources ou les tâches?

a) Affecter les ressources aux tâches

Fiche détaillée de la tâche

- Onglet ***Tâche***, groupe ***Propriétés***, bouton ***Détails***.

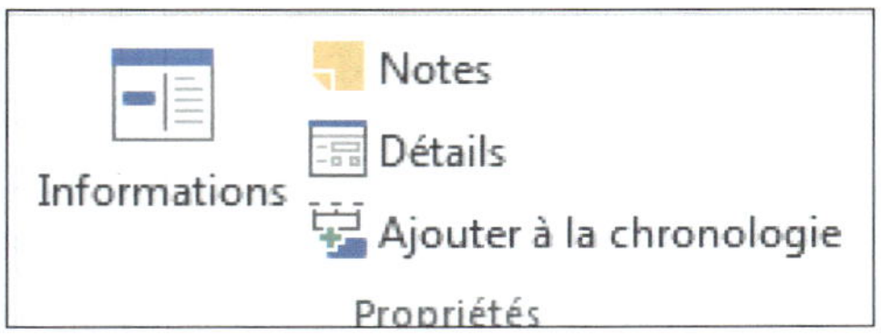

  - Sélectionner une tâche dans l'écran du haut.
  - Sélectionner une ou plusieurs ressources à partir du champ ***Nom de la ressource*** de la fenêtre du bas.
  - Laisser Project calculer la valeur des unités, du travail et de la durée en confirmant votre saisie par le bouton « OK ».

- Le bouton droit de la souris dans la zone grisée (de droite) de la fenêtre du bas permet de choisir différents affichages de fenêtre.

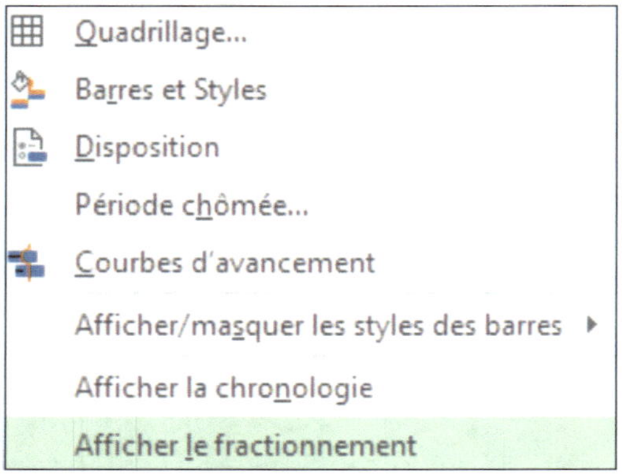

- Pour quitter ce mode, cliquez de nouveau sur le bouton ***Détails***.
- Alternativement, vous pouvez également faire afficher cette fenêtre par le menu contextuel (clic droit dans la fenêtre du Gantt) et sélectionner *Afficher le fractionnement*.

b) Affecter les tâches aux ressources

- À partir de l'affichage ***Planificateur d'équipe***, affectez les tâches se retrouvant dans la fenêtre du bas aux ressources de la fenêtre du haut.
- Par exemple, la tâche *Analyse des plans et devis* sera affectée à la ressource *Équipe Jos Blo* alors que la tâche *Enlèvement des structures et équipements existants* sera affectée à la ressource Richard Machin. Ainsi, avant l'affectation nous retrouvons :

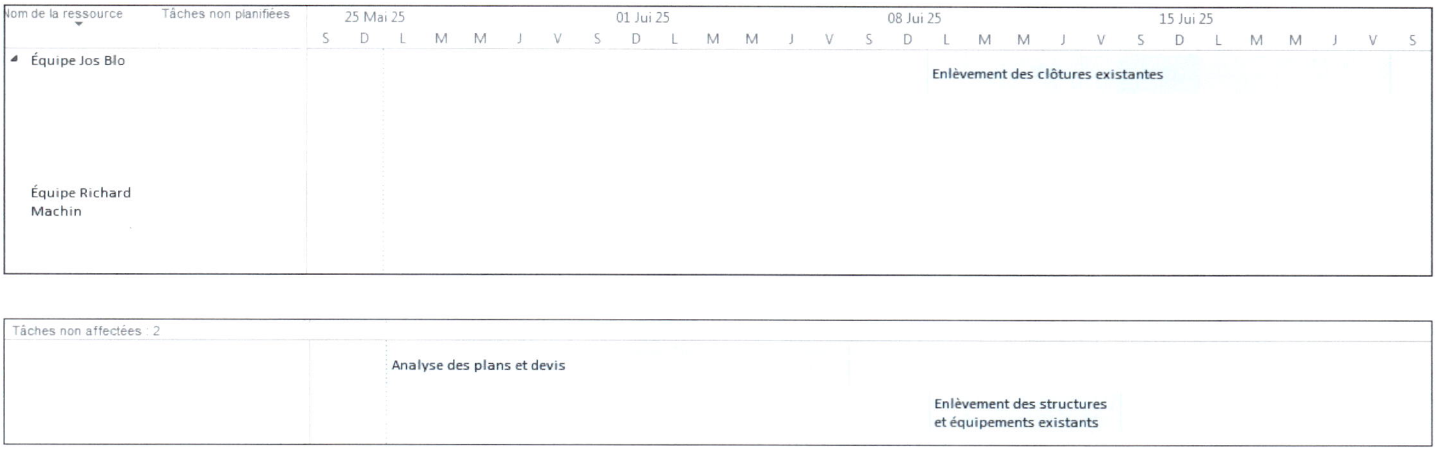

- Et après l'affectation :

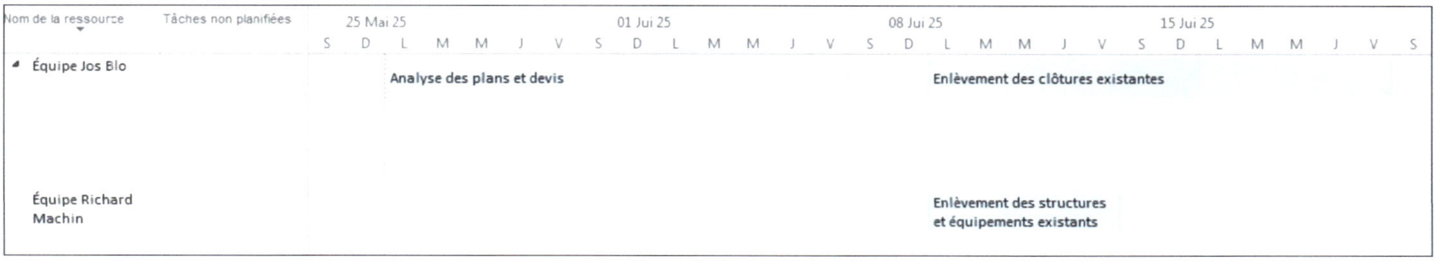

3.4 Apporter les correctifs requis

- Si les actions réalisées ne correspondent pas à ce que vous désirez, annulez ce que vous avez fait (Ctrl + Z) et recommencez en prenant soin de bien vous représenter l'équation T = U × D.

3.5 Ajouter un commentaire

- Ajouter un commentaire dans l'onglet *Remarques* de la fenêtre *Informations sur la tâche* afin de préciser ce que vous avez fait et pourquoi.

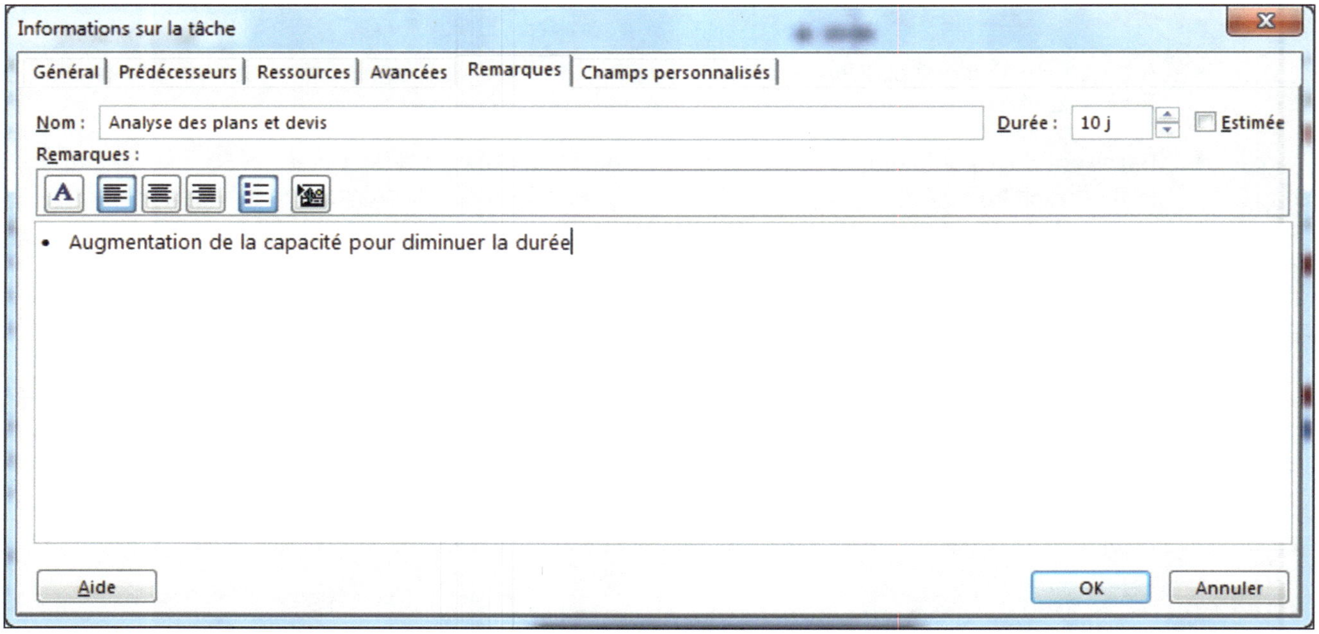

4 Respecter les délais

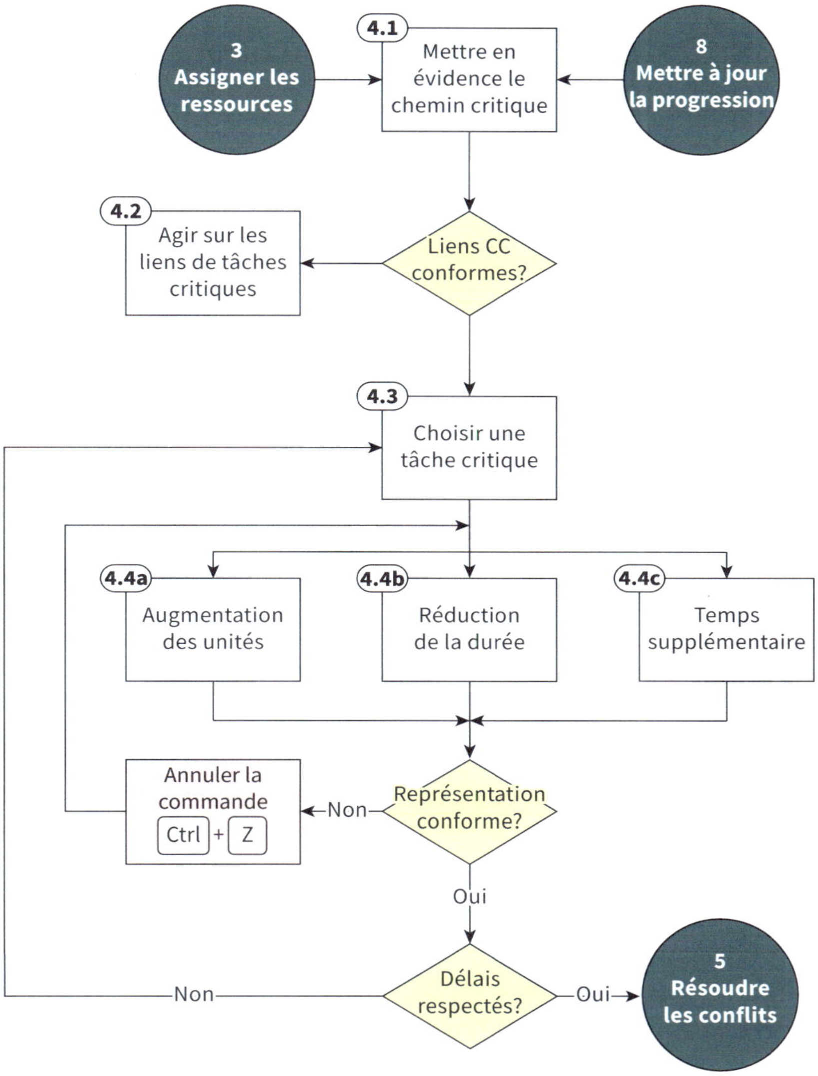

La durée planifiée d'un projet ne correspond pas nécessairement pas aux attentes du donneur d'ordre ou du client. En effet, comme nous avons, jusqu'à maintenant, déterminé les tâches à accomplir et leur durée ainsi que les relations existant entre chacune d'elles, il est probable que la date de fin du projet dépasse celle prescrite dans les devis. Il faudra donc s'affairer à réduire la durée du projet afin de répondre aux exigences.

4.1 Mettre en évidence le chemin critique[1] et la marge

Les stratégies, énoncées ci-après, tiennent pour acquis que les durées ont été estimées correctement. Si tel n'était pas le cas, le responsable de projet devrait d'abord s'en assurer.

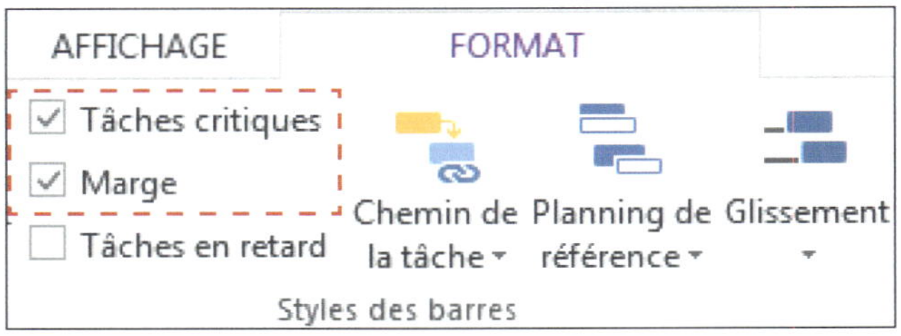

a) Mettre en évidence le chemin critique sur les barres du diagramme de Gantt. Pour réduire la durée d'un projet, il faut agir sur les tâches critiques seulement. Évidemment, toute action de réduction d'une tâche non critique n'aura aucun effet sur la durée du projet. Donc, il s'agit en premier lieu de déterminer les tâches critiques. Pour ce faire, cochez les cases ***Tâches critiques*** et ***Marge*** de l'onglet ***Format*** du groupe ***Style de barres***.

4.2 Agir sur les liens des tâches critiques pour réduire les délais

a) Vérifier la nécessité des liens. Il faut s'assurer que chacun des liens des tâches critiques est nécessaire à l'avancement du projet. Une façon de déterminer si les liens sont tous nécessaires est de considérer que nous travaillons en capacité infinie. Essentiellement, cela signifie de n'imposer aucune contrainte occasionnée par les ressources existantes. Pour ce faire, il s'agit de supposer que nous possédons un nombre infini de ressources pour réaliser le travail d'une tâche donnée. On doit alors se poser la question : *quelle est la façon la plus rapide de faire le projet si nous possédons toutes les ressources voulues?* Ainsi, il s'agit de lier uniquement les tâches qui ont réellement un lien de préséance. Si un conflit de ressource apparaît,  il sera réglé ultérieurement.

b) Diviser une tâche critique en deux tâches distinctes, plus courtes, et ajuster les liens en conséquence. Ainsi, si nous avons une tâche A de 10 jours qui précède une tâche B de 5 jours, l'on doit se demander s'il est possible que la tâche B débute même si la tâche A n'est pas entièrement complétée. Il arrive qu'une partie seulement, du travail réalisé sur la tâche A, puisse être livrée pour permettre à la tâche B de débuter. Ainsi, il serait judicieux de diviser la tâche A en deux tâches distinctes.

Avant la division de la tâche A :

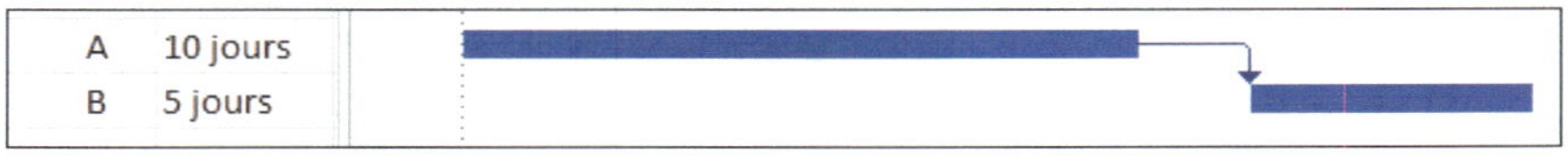

[1] Le chemin critique représente le chemin le plus long du projet. Il est constitué des tâches critiques, c'est-à-dire celles dont la marge est nulle.

Après la division de la tâche A, on récupère 4 jours :

c) MS-Project offre également la possibilité d'imposer un retard de lien entre deux tâches (référer à la section 2.6). Ainsi, on peut indiquer que la tâche qui succède (tâche B) peut débuter même si la tâche A n'est pas complètement achevée en appliquant un retard négatif.

4.3 Choisir une tâche critique

Sélectionner une tâche critique pour laquelle les ressources ne sont pas affectées à leur capacité max[2]. Celle-ci représente le niveau d'une ressource donnée dont vous disposez pour le projet. On y accède par l'affichage Tableau des Ressources.

Capacité max.
30%
30%

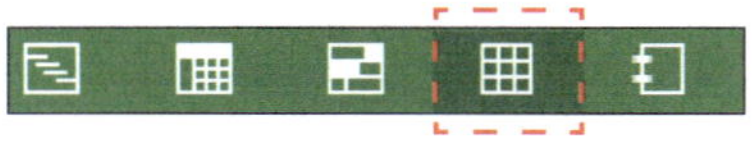

Notez qu'il est préférable de sélectionner une tâche critique pour laquelle une ressource seulement est affectée. Dans le cas où deux ou plusieurs ressources seraient affectées à la tâche, vous devez considérer que pour chaque journée gagnée, toutes les ressources doivent avoir un pourcentage plus élevé d'affectation. Ainsi à titre d'exemple, pour diminuer d'une journée la durée d'une tâche de 10 jours pour laquelle une ressource est affectée à 20 %, vous devrez augmenter l'affectation à 22 %. Par contre si deux ressources sont affectées à la tâche, chacune devra voir son affectation augmentée à 22 % pour réduire la tâche à 9 jours.

4.4 Agir sur l'affectation des ressources pour réduire la durée de la tâche

Il est possible de réduire la durée d'une tâche en lui affectant davantage de ressources. Ainsi, selon l'équation $T = U \times D$ que nous connaissons (référer à la section 3), si nous augmentons le pourcentage d'affectation à une tâche donnée, le travail sera réalisé en moins de temps. La durée de cette tâche critique, ainsi raccourcie, contribuera à diminuer la durée totale du projet donc à en réduire les délais.

a) Méthode par l'augmentation des unités de la tâche

1. Affichez le fractionnement par le bouton *Détails* du groupe *Propriétés* de l'onglet *Tâche*.
2. Sélectionnez *Travail fixe* comme type de tâche.

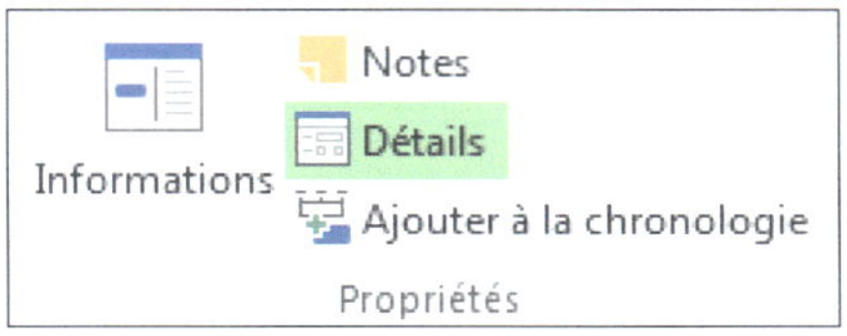

[2] Aussi appelé *Unités max.*

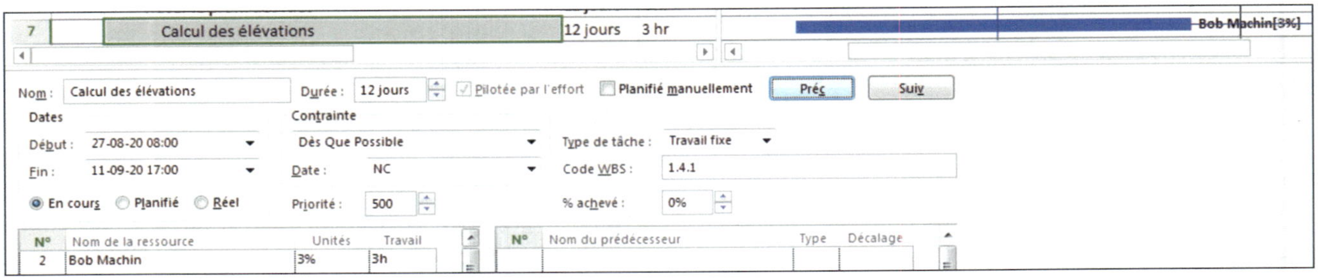

3. Attribuez un pourcentage plus élevé à la ressource affectée à la tâche critique sélectionnée, en respectant évidemment la capacité max établie. Ce faisant, Project recalcule automatiquement la nouvelle durée.

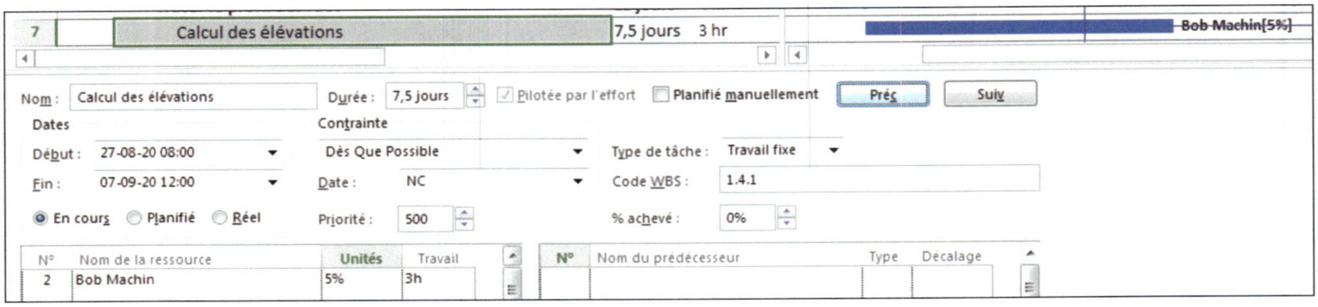

b) Méthode par la réduction de la durée de la tâche – en *travail fixe*

Saisir la valeur de la durée

Dans le cas où vous savez exactement la durée que vous devez récupérer, vous pouvez ajuster directement la durée de la tâche à la valeur désirée. Pour ce faire, saisissez directement la valeur dans le champ Durée de la tâche concernée ou encore en diminuant graphiquement la tâche concernée.

N.B. Cette méthode requiert un ajustement des unités d'affectation en fonction des *unités de pointe* telles que spécifiées par MS-Project. En effet, en fonction de la façon dont MS-Project calcule, les unités d'affectation ne se modifieront pas automatiquement en changeant la durée. Cela peut paraître incorrect a priori, mais les concepteurs de MS-Project ont décidé, à partir de la version 2007, que c'était la meilleure façon de procéder. Ainsi, **à moins d'avoir un profil particulier de ressources**[3], vous devez ajuster vous-même le taux d'allocation[4] en fonction de la valeur des unités de pointe pour la ressource et la tâche concernées. Pour y accéder :

- Accédez à l'affichage Utilisation des tâches.

- Affichez le fractionnement (bouton *Détails*).

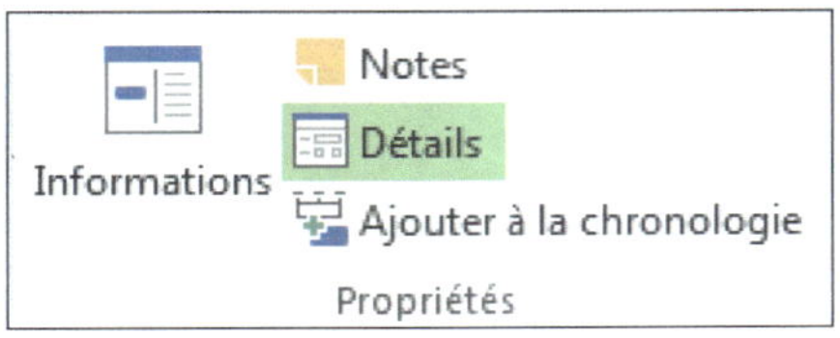

[3] Le profil particulier de ressource constitue une affectation irrégulière d'une ressource dans le temps pour une tâche donnée. Voir section 5.2.5.

[4] Le taux d'allocation représente le pourcentage d'une ressource affecté à une tâche donnée.

- Insérez deux colonnes :
  - *Pointe*.
  - *Taux d'allocation*.

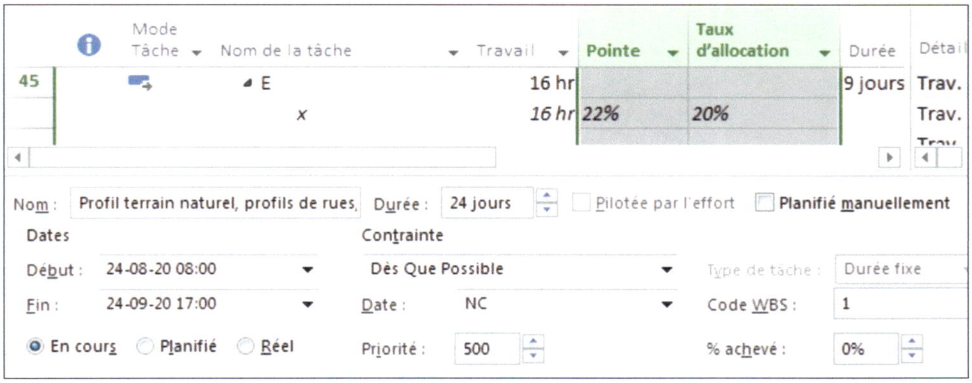

- Saisissez, dans le champ *Taux d'allocation*, la valeur contenue dans le champ *Pointe*.

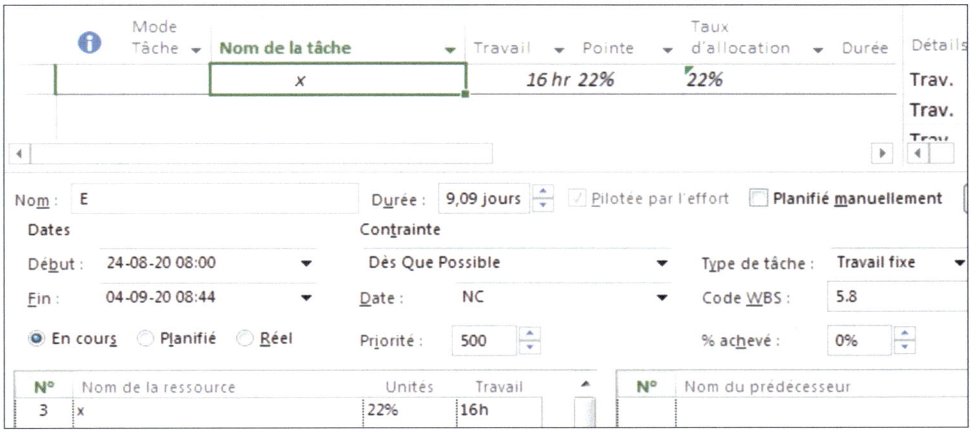

- Dans l'exemple ci-haut, la durée a été recalculée par Project pour donner une valeur de 9,09 jours. Or, nous savons que la valeur exacte que nous désirions est bel et bien de 9 jours. Cette imprécision de la part de Project vient du fait que le pourcentage est précis à l'unité près. Par conséquent, il ne s'agit que de saisir immédiatement la bonne valeur de durée pour s'assurer que tout est correct. Les unités demeureront à 22 %.

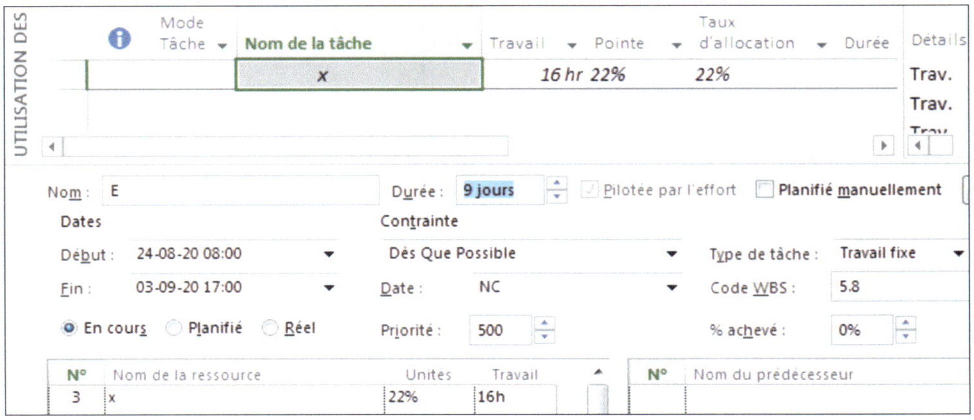

c) Ajout de temps supplémentaire – en *unités fixes*

1. Accéder au formulaire de tâche, accessible en affichant le fractionnement (onglet *Affichage → Fractionner l'affichage → Détails → Formulaire de tâche*) et en sélectionnant *Travail* (clic droit dans la partie de droite du formulaire de tâche tel que montré dans la saisie d'écran ci-dessous).

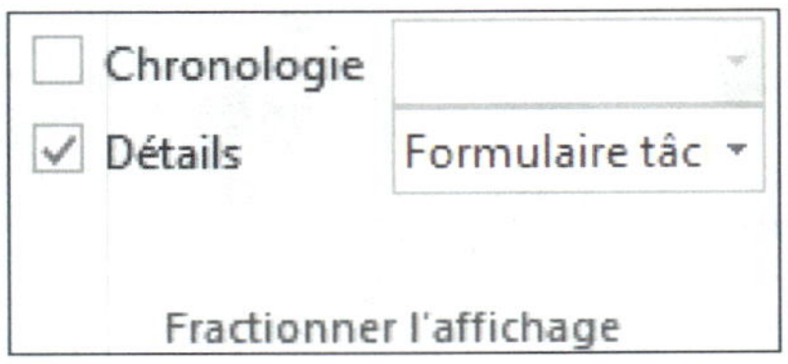

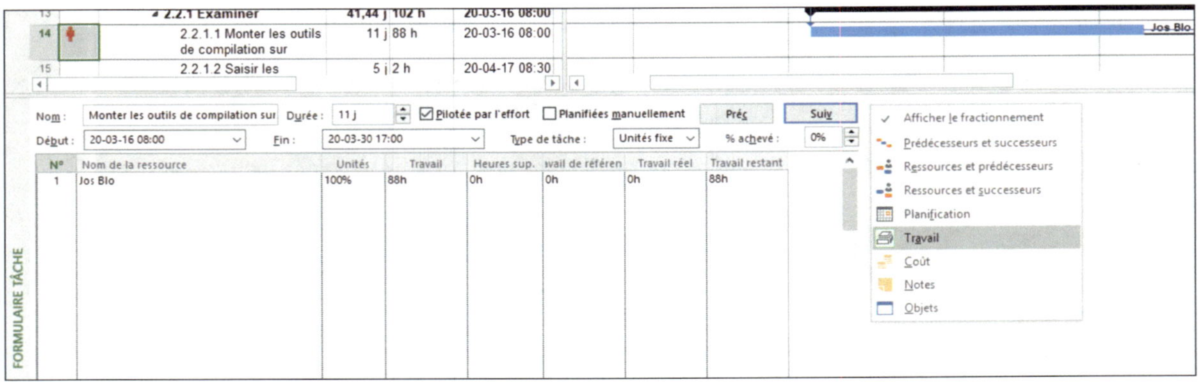

2. En unités fixes, saisir la valeur du temps supplémentaire dans le champ *Heures sup.* La durée sera alors recalculée en fonction du fait que la ressource réalisera tout le travail auquel elle est affectée (88 h), mais dont une partie (8 h) se fera en temps supplémentaire, c'est-à-dire à l'extérieur des heures du calendrier normal.

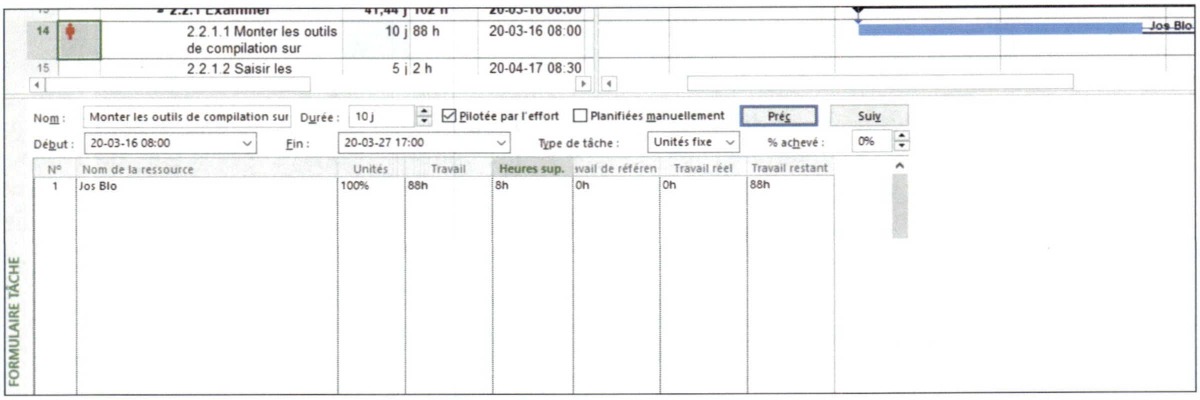

Vérifications

- Vérifiez que l'action réalisée correspond à ce que vous voulez et que la ressource concernée ne devienne pas en surutilisation.

Ajouter un commentaire

- Ajoutez un commentaire à la tâche concernée en expliquant les raisons de cette modification d'affectation.

5 | Résoudre les conflits

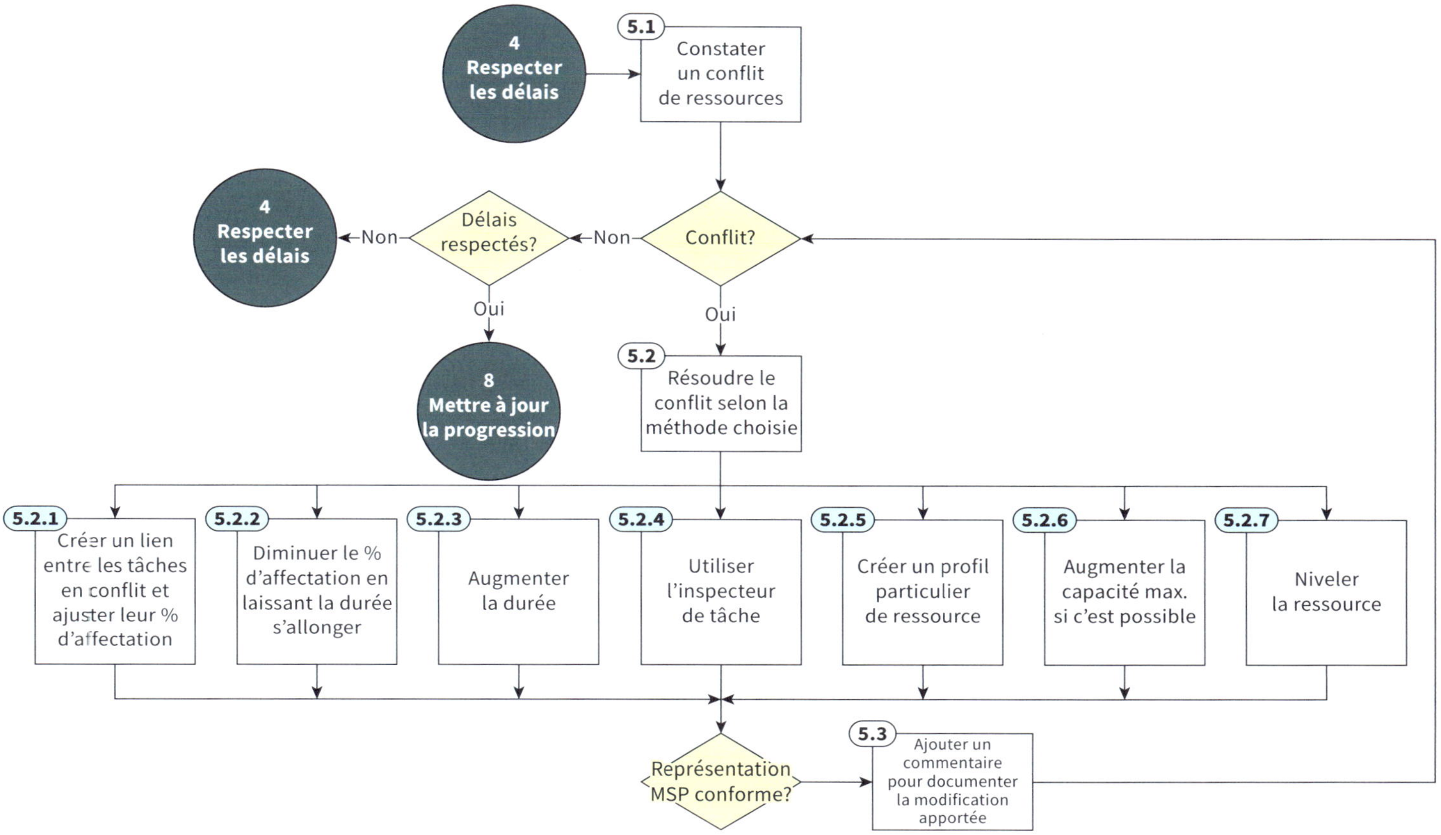

À tout moment, durant le projet, si une ressource est affectée au-delà de sa capacité maximale, Project indique qu'il y a un conflit de ressources. L'icône indiquant une surutilisation, apparaît alors dans la colonne *Indicateurs* de l'affichage *Diagramme de Gantt.* Une ou plusieurs tâches peuvent être en cause. Il faut évidemment régler le conflit en affectant, pour une période donnée, la ressource sans dépasser sa capacité maximale, établie dans le tableau des ressources. Pour ce faire, plusieurs moyens sont disponibles. Ils seront décrits ci-après.

5.1 Constater le conflit

- Par le bouton *Surutilisation suivante* accessible par l'onglet *Ressources*, groupe *Nivellement*, il vous est possible d'atteindre chacune des surutilisations présentes dans le projet.

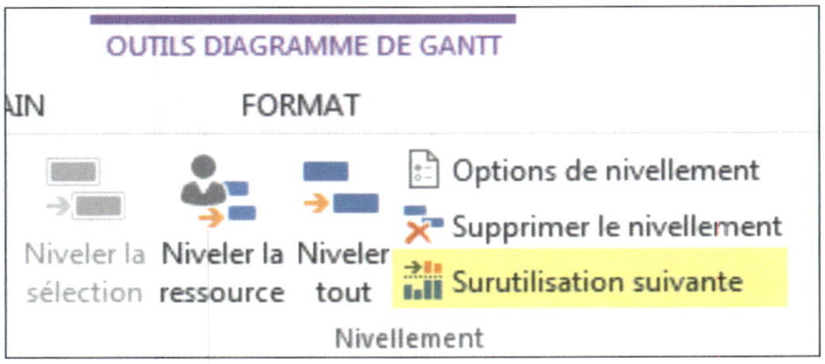

- Il existe plusieurs façons de constater un conflit de ressources. En voici quelques-unes :
  1. Sous les affichages *Diagramme de Gantt* et *Utilisation des tâches*, Project indique un conflit de ressources en affichant l'icône d'une ressource surutilisée dans la colonne Indicateurs .
  2. Sous les affichages *Tableau des ressources* et *Utilisation des ressources*, la ressource surutilisée apparaît en rouge. De plus, un losange jaune apparaît dans la colonne *Indicateurs* indiquant que la ressource est surutilisée.

  3. Sous l'affichage *Utilisation des Ressources*, disponible par l'onglet Affichages groupe *Affichages des Ressources*.

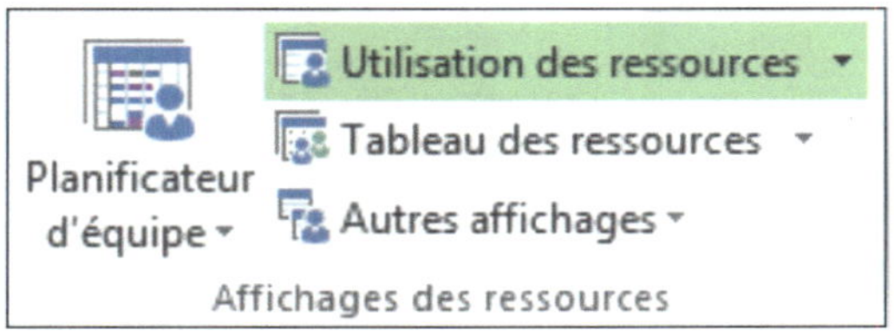

  4. En affichant le fractionnement et le diagramme de Gantt dans la fenêtre du bas (clic droit – *Afficher le fractionnement*), vous pouvez visualiser les ressources ainsi que les tâches concernées par le conflit. Vous connaissez alors exactement la ou les

tâches en conflit ainsi que la période concernée. Ainsi, dans l'exemple ci-dessous on constate que la ressource Jos Blo est en surutilisation les lundi, mardi et mercredi sur la tâche *Créer un fichier Excel…*

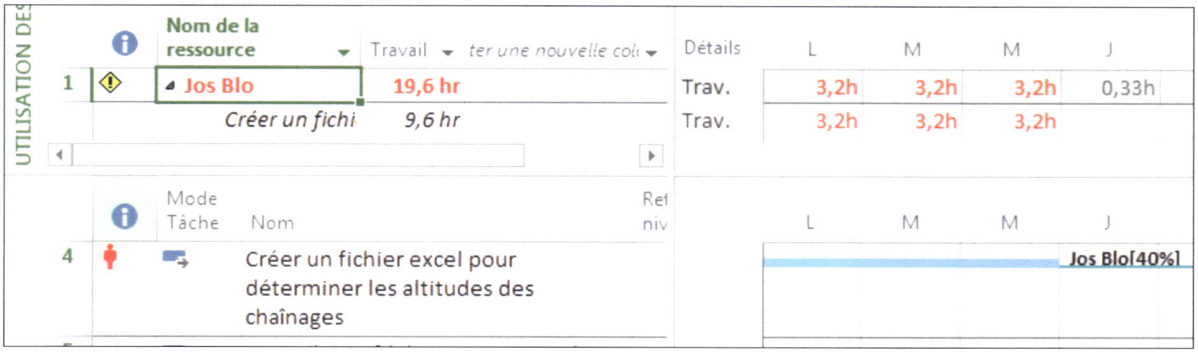

5. Sous l'affichage *Planification d'équipe*, la ressource surutilisée est en rouge alors que les tâches en conflit apparaissent entre crochets rouges.

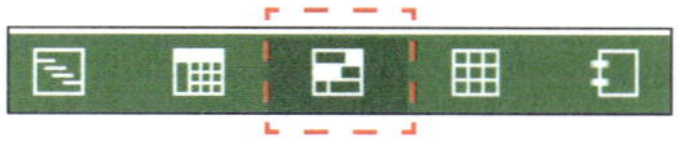

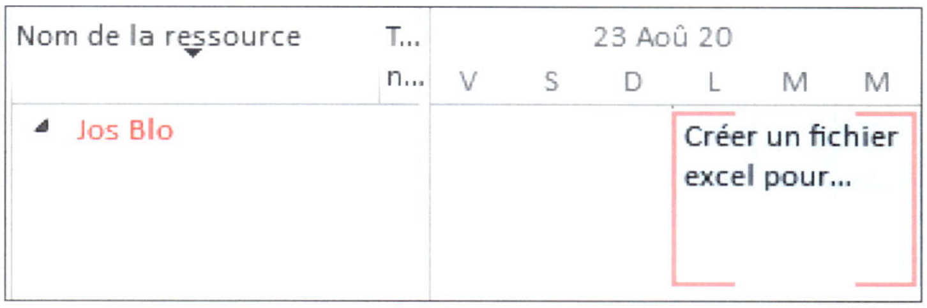

5.2 Résoudre le conflit selon la méthode choisie en *travail fixe*

N.B. : Après chacune des actions que vous réalisez, assurez-vous que ce que fait MS-Project correspond à ce vous désirez.

Afin de résoudre les conflits, un par un, on doit sélectionner la méthode la plus appropriée à la situation :

a) Situation où le conflit est généré par une seule tâche : Cette situation se produit lorsqu'une ressource est affectée au-delà de sa capacité max. Pour régler ce problème, vous devez soit diminuer l'affectation de la ressource en question sur la tâche concernée, soit augmenter la capacité max si d'autres ressources du même type sont disponibles.

b) Situation où le conflit est généré par plus d'une tâche : Cette situation se produit lorsque le total des affectations d'une ressource sur toutes les tâches d'une période donnée dépasse sa capacité max sans toutefois qu'aucune d'entre elles ne soit supérieure à la capacité max.

5.2.1 Créer un lien entre les tâches

- C'est la méthode la plus simple pour régler ce type de conflit. Elle consiste à créer un lien de Fin à Début entre les deux tâches qui causent le conflit de ressources. La bonne pratique veut que ce nouveau lien soit **documenté sur la tâche qui est déplacée** par le nouveau lien. Ainsi, il faut préciser qu'il ne s'agit pas d'un lien de préséance, mais bien d'un lien rendu nécessaire afin de résoudre un conflit de ressources. De cette façon, il sera possible ultérieurement, si besoin est, de réduire la durée du projet en affectant une ressource supplémentaire aux tâches concernées au moment désiré.

- Après avoir créé le nouveau lien, si les tâches concernées se situent sur le chemin critique, la date de fin du projet sera reportée au-delà de la date de fin planifiée. Pour réduire la durée du projet, il s'agit alors d'augmenter le pourcentage d'affectation des ressources sur chacune des tâches concernées tout en respectant la capacité max. Si cette action s'avère insuffisante pour ramener la date de fin du projet à la date originalement planifiée, vous devez utiliser un des autres moyens décrits à l'étape 4 de ce guide, page 29.

5.2.2 Diminuer le % d'affectation

- Dans le cas où deux ou plusieurs tâches utilisant une même ressource doivent être réalisées au même moment, il est possible de diminuer le pourcentage d'affectation d'une ou de plusieurs de ces tâches de façon à résoudre le conflit. Ce faisant, par essai et erreur vous abaissez le total d'affectation d'une ressource donnée durant la période ciblée. Le total d'affectation d'une ressource pour une période donnée devra évidemment être inférieur à la capacité max pour que le conflit soit résolu.
- En modifiant ainsi le pourcentage d'affectation, Project recalcule la durée de la tâche et les unités de pointes, mais n'ajuste pas le *Taux d'allocation*. Ainsi, vous devez ajuster vous-mêmes les unités si vous le désirez. (référer à la section 4.4b, page 32, pour plus de détails).

5.2.3 Augmenter la durée

- En fenêtre fractionnée, sélectionner l'affichage *Graphe des ressources* dans la fenêtre du bas. Sélectionner ensuite la tâche affichant un conflit. Nous observons, dans la fenêtre du bas de la figure ci-dessous, que la ressource Jos Blo est surutilisée les lundi, mardi et mercredi. Or, pour résoudre ce conflit, nous allons augmenter la durée de la tâche de façon à diminuer l'affectation. En **travail fixe**, vous saisissez directement la durée désirée ou déplacez l'extrémité de droite de la barre de tâche et la déplacez vers la droite de façon à l'allonger, et ce jusqu'à ce que le conflit soit résolu.

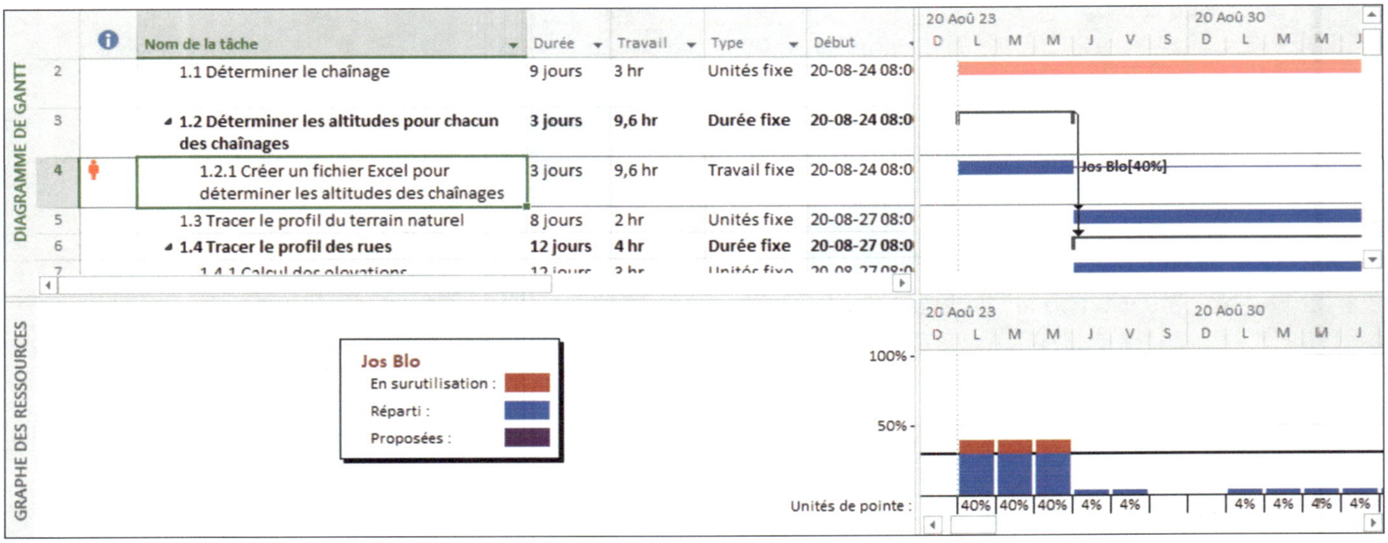

Une fois la tâche allongée, nous observons que les unités de pointe ont diminué et que la surutilisation est résolue.

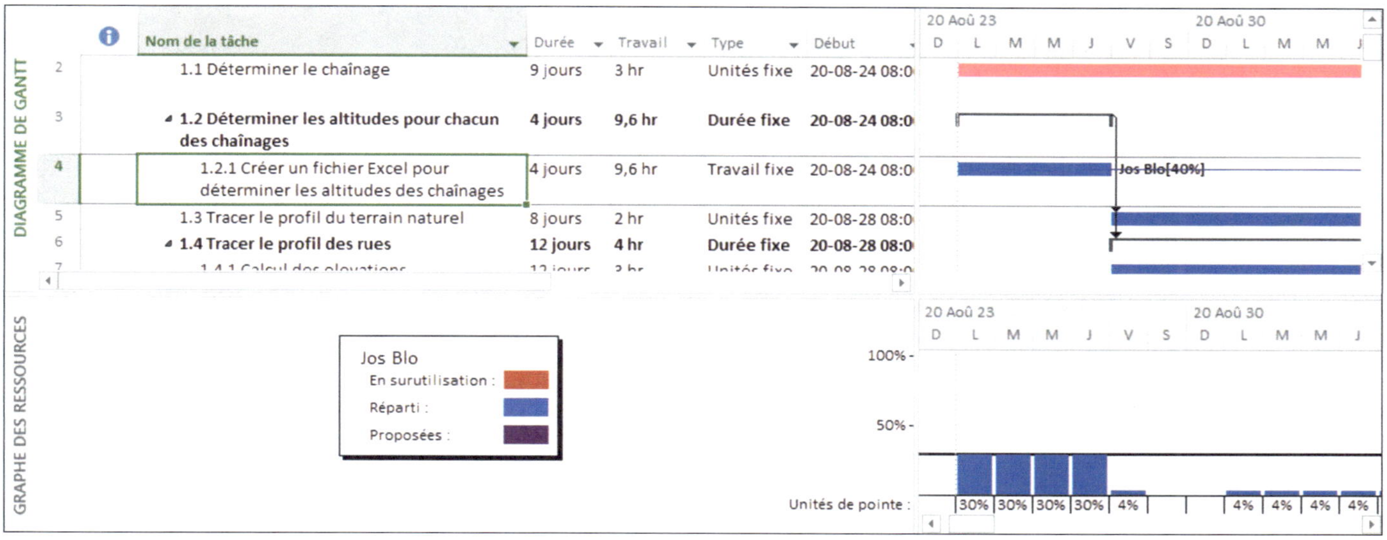

N.B. Cette méthode nécessite également d'ajuster le *Taux d'allocation* en fonction des unités de pointe calculées par MS-Project.

5.2.4 Utiliser l'inspecteur de tâche : Onglet *Tâches*, groupe *Tâches*, bouton *Inspecter*

a) Situation dont la ressource dépasse sa capacité max sur une tâche donnée :

Lors d'une telle situation, l'inspecteur de tâche vous propose (voir ACTIONS) soit d'augmenter la durée, de diminuer le travail ou d'affecter des ressources supplémentaires.

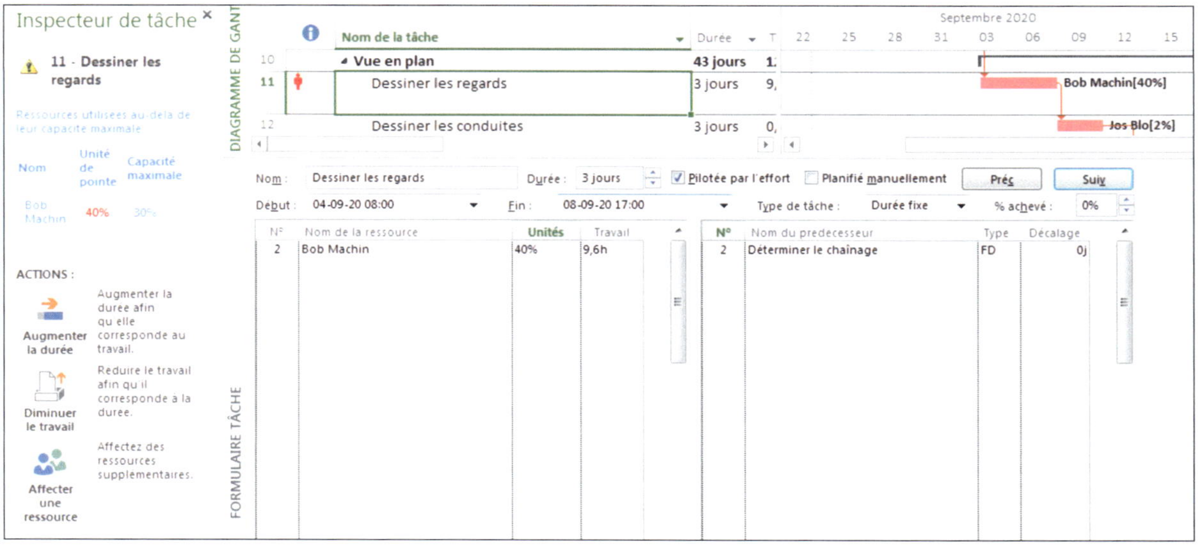

- L'inspecteur de tâche fournit plusieurs informations relatives à la tâche sélectionnée. Il propose également des options de réparation en fonction du type de conflit détecté. Ainsi vous pouvez :
  - Augmenter la durée afin qu'elle corresponde au travail :

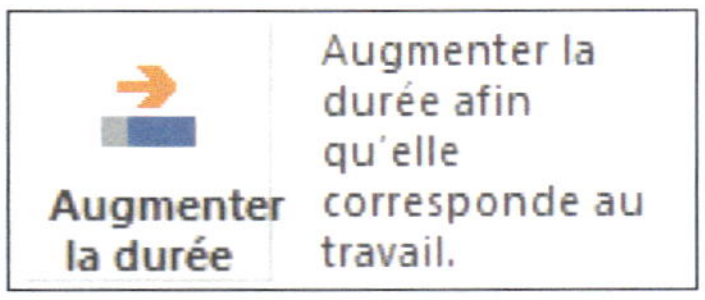

  - Diminuer le travail afin qu'il corresponde à la durée :

  - Déplacer la tâche vers la prochaine période disponible des ressources :

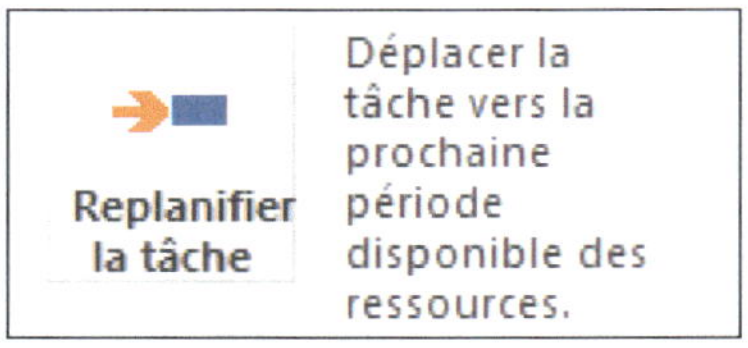

b) Situation dont l'affectation d'une ressource donnée dépasse sa capacité max sur plusieurs tâches planifiées au même moment :

Lors d'une telle situation c'est l'addition des affectations de deux ou plusieurs tâches qui fait en sorte que la capacité max d'une ressource donnée soit dépassée. L'inspecteur de tâches vous propose de déplacer la tâche sélectionnée vers la prochaine période disponible ou d'utiliser le planificateur d'équipe.

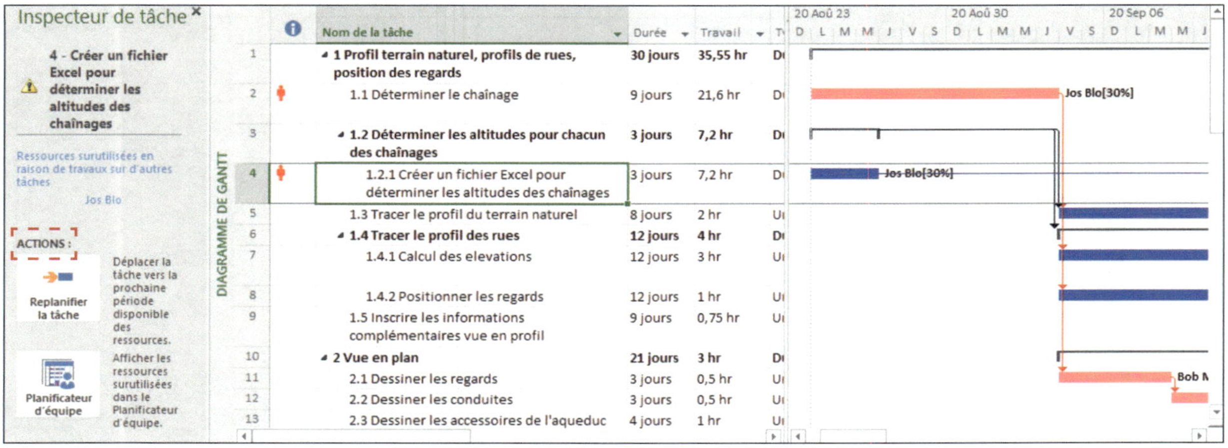

L'Action *Replanifier la tâche* aura pour effet, de déplacer la tâche sélectionnée jusqu'à la première plage disponible. Vous devez sélectionner la tâche que vous souhaitez déplacer. Si vous avez le choix, déplacez la tâche non critique. De cette façon, la date de fin du projet ne sera pas déplacée.

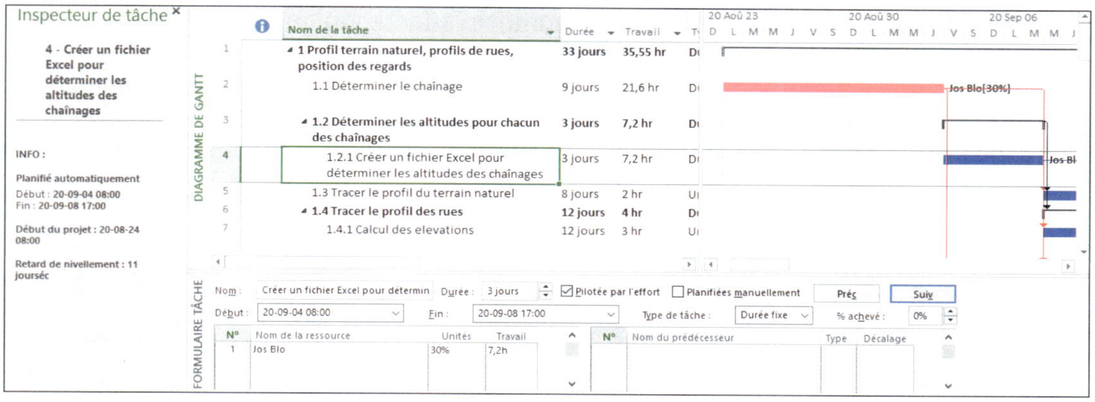

5.2.5 Créer un profil particulier de ressource

- À partir de l'affichage fractionné *Utilisation des Ressources* (fenêtre du haut) et *Diagramme de Gantt* (fenêtre du bas), vous répartissez les heures de travail par période de façon à régler les conflits. Pour ce faire, vous devez simplement saisir les heures de chacune des périodes à l'endroit approprié du tableau supérieur de la tâche de la ressource ciblée. Assurez-vous de **conserver le même nombre d'heures de travail** d'une ressource donnée pour chacune des tâches affectées. Vous ne pouvez pas modifier le nombre d'heures de travail d'une ressource pour une tâche donnée. Vous pouvez seulement étaler ces heures de travail différemment dans le temps.

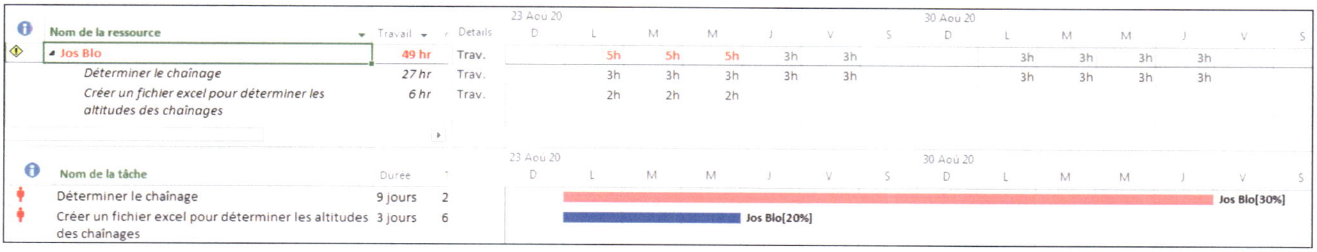

- **Avant la création du profil**, notez que chacune des tâches en conflit : *Déterminer le chaînage* et *Créer un fichier Excel...* requiert l'apport de la ressource Jos Blo. Or, sachant que la capacité max de Job Blo pour ce projet est de 50 % (4 h/j) on constate une surutilisation sur trois journées : lundi, mardi et mercredi. En effet, Jos Blo est affecté, sur deux tâches différentes, pour un total de cinq heures/jour alors qu'il ne peut en consacrer que quatre en fonction de sa capacité max. On observe que le nombre d'heures de chacune des journées surutilisées apparaît en rouge.
- Lorsque la ressource surutilisée est sélectionnée, on voit clairement les tâches concernées dans la fenêtre du bas.
- **Après la création du profil**, observez que les heures d'affectation de Jos Blo ont été diminuées sur la tâche *Créer un fichier Excel...*, ce qui a allongé la durée de la tâche. Quant aux heures de travail, elles sont demeurées les mêmes pour la tâche modifiée. Celle-ci dure maintenant 6 jours au lieu de 3, mais le conflit est résolu. De plus, l'icône apparaît dans la colonne Indicateurs précisant que cette tâche est affectée d'un profil particulier de

ressource[1] ce qui indique que la charge de travail n'est pas nécessairement répartie uniformément sur toute la durée de la tâche. Nous avons volontairement fractionné la tâche *Créer un fichier…* les mardi et mercredi de façon à démontrer les possibilités de cette méthode.

- Nous aurions pu également choisir de modifier l'affectation de la tâche *Déterminer le chaînage* pour résoudre le conflit. Cependant, comme cette tâche est sur le chemin critique nous aurions prolongé l'échéance du projet, ce qui aurait impliqué une étape supplémentaire qui consiste à réduire la durée du projet. Par conséquent, un choix judicieux de la tâche sur laquelle nous agissons pour régler un conflit peut nous épargner du temps.

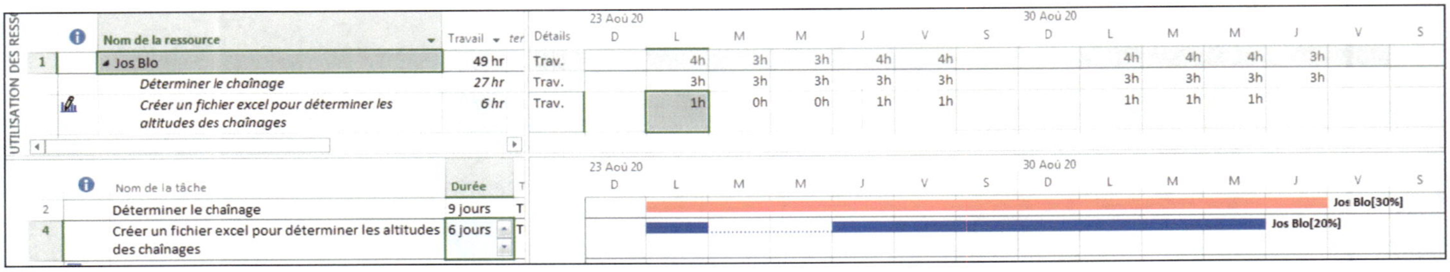

5.2.6 Augmenter la capacité maximale si possible

- Vous pouvez augmenter la capacité maximale seulement dans le cas où des ressources supplémentaires sont disponibles, en plus de celles déjà saisies dans le *Tableau des ressources*.
- Saisir une capacité maximale plus élevée, en fonction des disponibilités, dans l'affichage *Tableau des ressources*.

	Nom de la ressource	Type	Étiquette Matériau	Initiales	Groupe	Capacité max.
◆	Jos Blo	Travail		J		100%

	Nom de la ressource	Type	Étiquette Matériau	Initiales	Groupe	Capacité max.
	Jos Blo	Travail		J		200%

5.2.7 Niveler la ressource : Onglet *Ressources*, groupe *Nivellement*, bouton *Niveler la ressource*

- Cette fonction permet, selon un algorithme établi par Project, de résoudre les conflits d'une ou de plusieurs ressources.

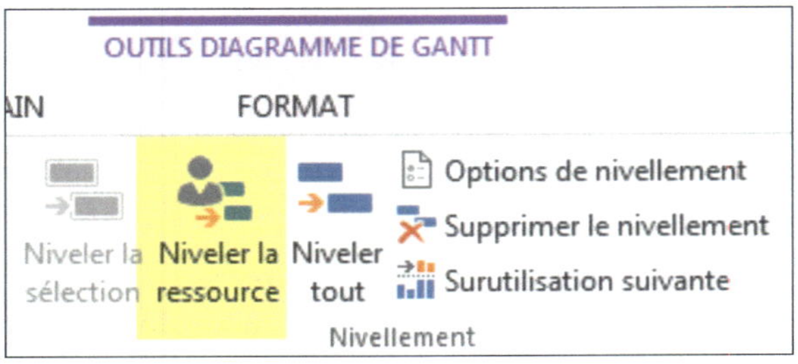

[1] À partir du moment qu'une tâche est affectée d'un profil particulier de ressource, **vous ne devez plus** faire correspondre le **Taux d'allocation** aux **Unités de pointe** pour cette tâche.

- Il est important de noter que le nivellement de ressource a pour effet de déplacer ou de fractionner la tâche sélectionnée pour résoudre le conflit. Ainsi, ni l'unité d'affectation ni la durée de la tâche ne seront modifiées. Project exploitera d'abord la marge disponible, mais en cas d'impossibilité, la date de fin du projet sera reportée.
- Vous avez accès à diverses options de nivellement de ressources présentées dans la fenêtre ci-après. Vous y accédez par le bouton *Options de nivellement*. De façon générale, les options par défaut répondent à la grande majorité des situations de conflit. Nous ne **recommandons pas de régler le calcul en mode automatique**.

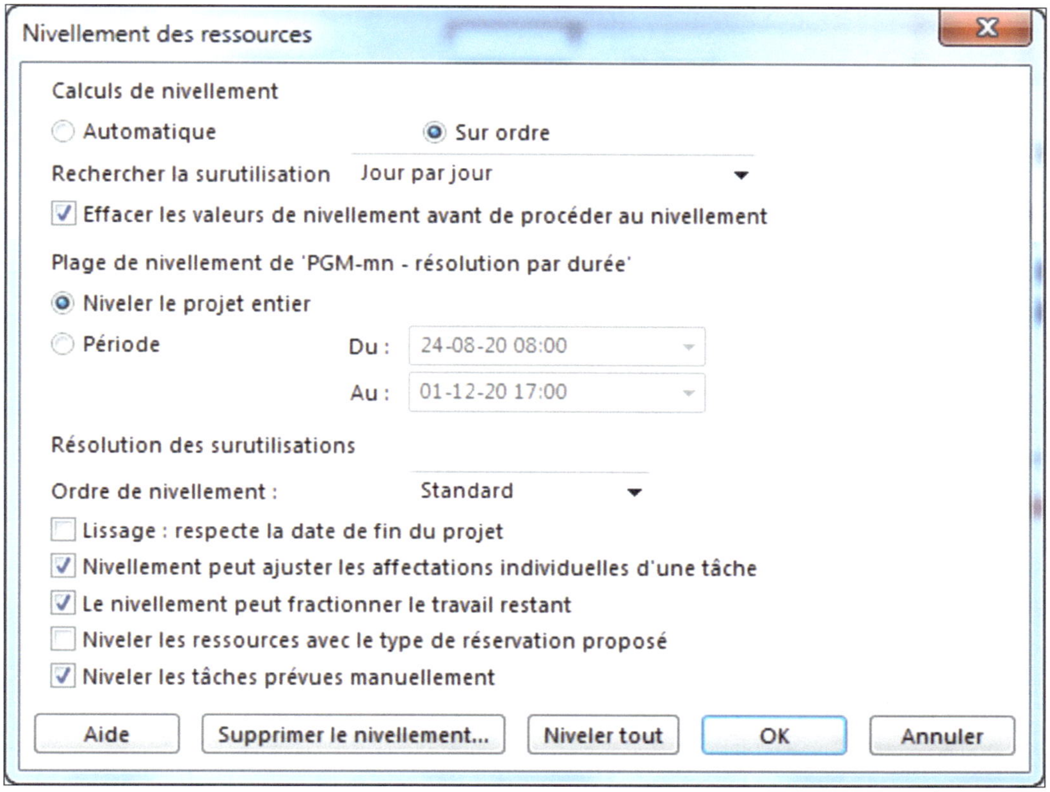

5.3 Ajouter un commentaire pour documenter la modification apportée

À chaque modification apportée à la planification, vous devez ajouter un commentaire de façon à conserver une trace de ce que vous avez fait.

6 Démarrer le projet

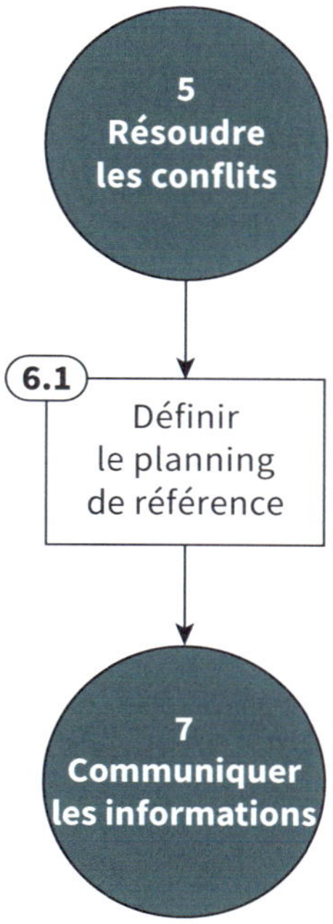

Maintenant que le projet est planifié et que ses caractéristiques correspondent à ce que le donneur d'ordre désire, nous allons définir le planning de référence. Celui-ci sera utilisé tout au long du projet afin de constater les écarts de durée, de travail et de coûts.

6.1 Définir le planning de référence

Essentiellement, le planning de référence a pour effet de copier les informations contenues des champs *En cours* dans les champs *Planifié* du logiciel. Lors du suivi du projet, les informations du champ *En cours* changeront en fonction des aléas qui surviendront. Ainsi nous serons à même de constater les variations par rapport au plan initial et d'apporter les correctifs requis. On définit le planning de référence par l'onglet Projet, le groupe Planifier et le bouton Définir le planning de référence.

Avant d'avoir défini le planning de référence, le champ *Planning de référence* ne contient aucune information.

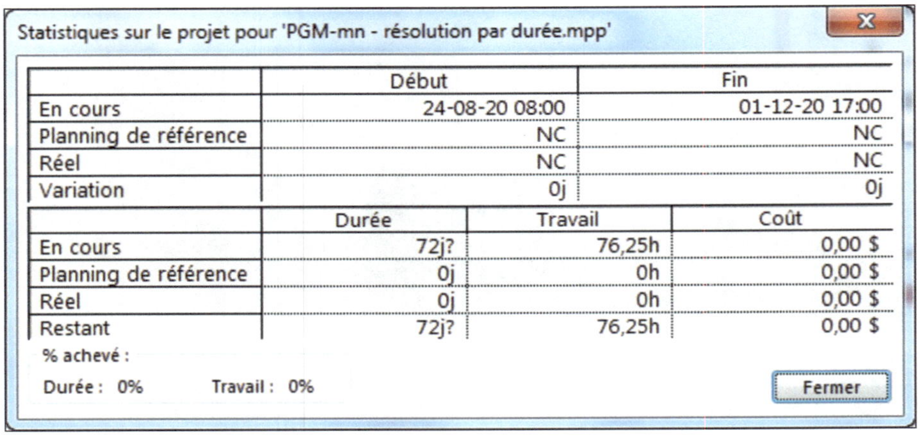

Statistiques sur le projet pour 'PGM-mn - résolution par durée.mpp'

	Début	Fin
En cours	24-08-20 08:00	01-12-20 17:00
Planning de référence	NC	NC
Réel	NC	NC
Variation	0j	0j

	Durée	Travail	Coût
En cours	72j?	76,25h	0,00 $
Planning de référence	0j	0h	0,00 $
Réel	0j	0h	0,00 $
Restant	72j?	76,25h	0,00 $

% achevé :

Durée : 0% Travail : 0%

Fermer

Après avoir défini le planning de référence, le champ *Planning de référence* contient les mêmes informations que le champ *En cours*.

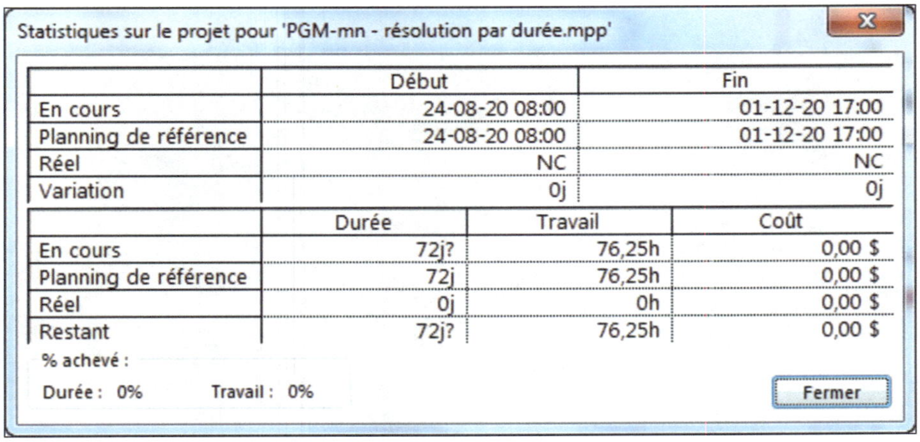

Statistiques sur le projet pour 'PGM-mn - résolution par durée.mpp'

	Début	Fin
En cours	24-08-20 08:00	01-12-20 17:00
Planning de référence	24-08-20 08:00	01-12-20 17:00
Réel	NC	NC
Variation	0j	0j

	Durée	Travail	Coût
En cours	72j?	76,25h	0,00 $
Planning de référence	72j	76,25h	0,00 $
Réel	0j	0h	0,00 $
Restant	72j?	76,25h	0,00 $

% achevé :

Durée : 0% Travail : 0%

Fermer

7 | Communiquer les informations

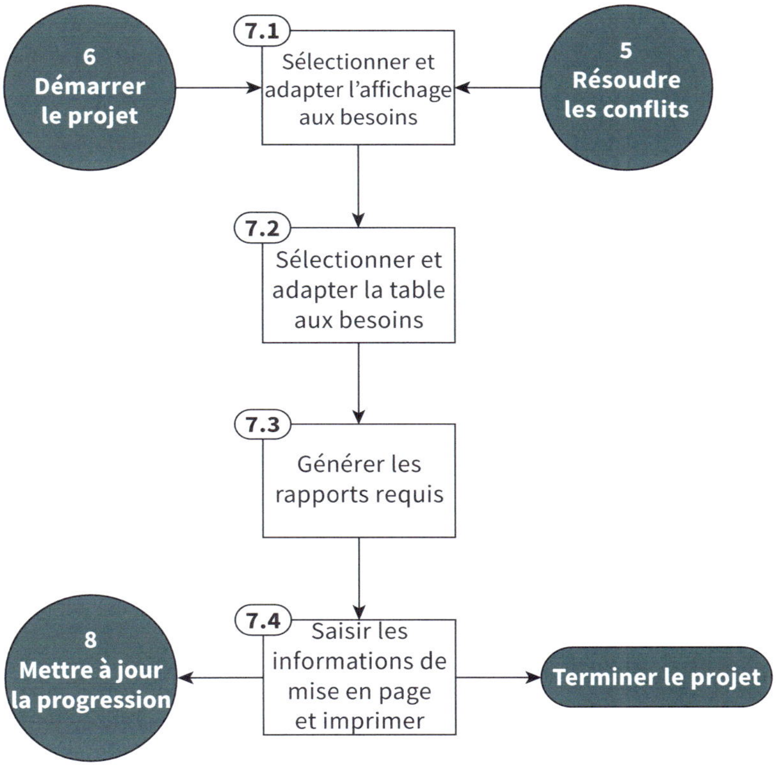

Réalisez la mise en page de votre projet de façon à répondre à vos besoins. Informez les participants et les membres de l'équipe de l'avancement du projet en leur permettant d'accéder à des affichages et des rapports en ligne ou imprimés.

Project fournit de nombreuses façons d'imprimer et de distribuer les informations relatives au projet, détaillées ou globales, rapidement et efficacement.

7.1 Sélectionner et adapter l'affichage aux besoins

- **L'affichage** comprend deux parties : la table et le Gantt. Outre les cinq affichages principaux : *Diagramme de Gantt*, *Utilisation des tâches*, *Planificateur d'équipe*, *Tableau des ressources* et *État* accessibles par le raccourci au bas à droite de l'écran , il existe plusieurs autres affichages déjà mis en page. On y accède par l'onglet *Affichage* ou par un clic droit de la barre verticale située à l'extrême gauche de l'écran. L'onglet *Affichage*, groupe *Affichage des tâches* permet également de sélectionner l'affichage désiré.

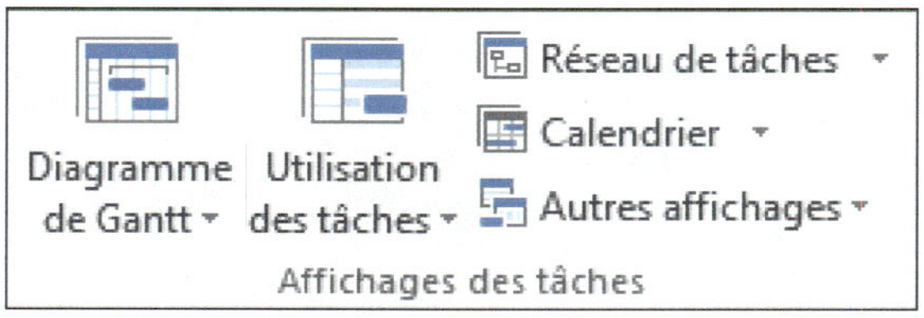

- **Les barres** (fenêtre de droite) peuvent être adaptées aux besoins de l'utilisateur. En effet, sous l'onglet *Format*, groupe *Style des barres*, bouton *Format* menu *Barres et styles*, vous accédez à la fenêtre *Style des barres*[1]. Vous avez, dans cette fenêtre, toutes les barres disponibles. Plusieurs peuvent ne pas être pertinentes pour votre projet. Si tel est le cas, il s'agit pour vous de les supprimer afin de ne pas encombrer l'espace lors de l'impression du Gantt.

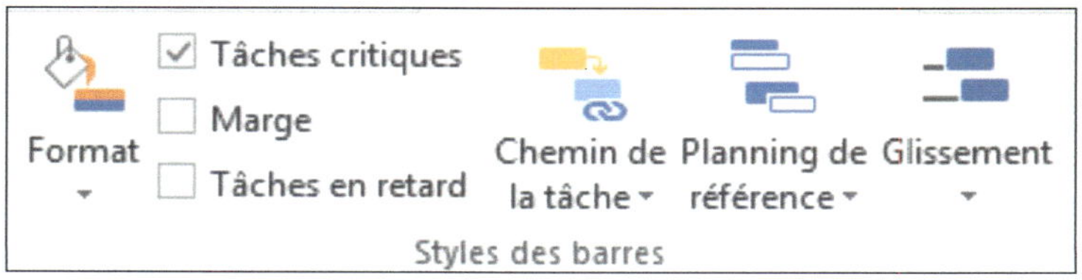

- **Le texte des barres** est adaptable aux besoins par l'onglet *Texte* de la fenêtre *Style des barres*. Il s'agit de sélectionner le type de barre concerné puis d'ajouter le texte désiré à l'endroit voulu. Par exemple si vous désirez que chacune des barres du chemin critique soit suivie (à droite) par le nom des ressources qui y sont affectées, vous devez sélectionner *Critique* dans la colonne *Nom* (de la fenêtre *Style des barres*) et ajouter, dans l'onglet Texte, *Noms Ressources*. Vous pouvez également modifier le style du texte par l'onglet *Format*, groupe Format, bouton *Style du texte*.

[1] Vous pouvez également accéder à la fenêtre *Style des barres* en double-cliquant le bouton de gauche dans une zone ouvrée du diagramme de Gantt.

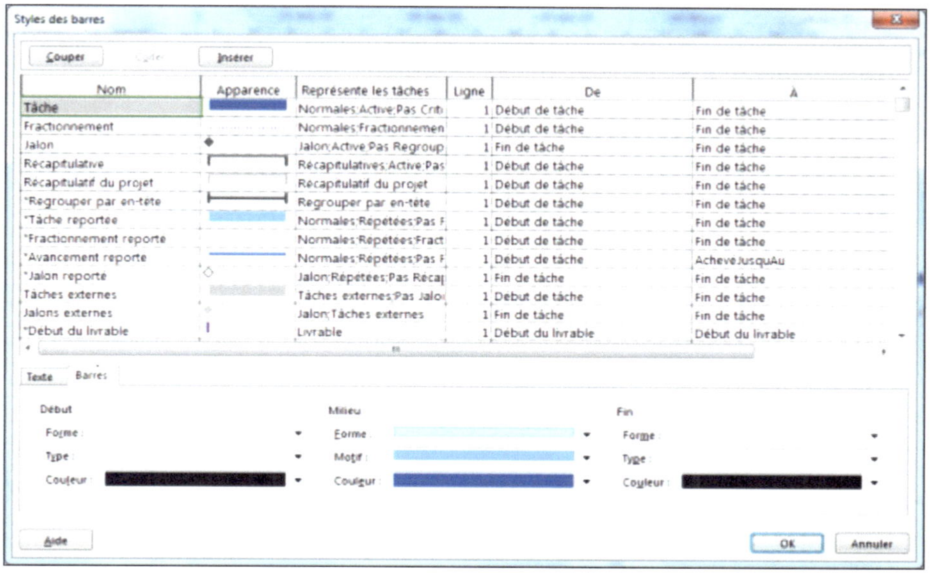

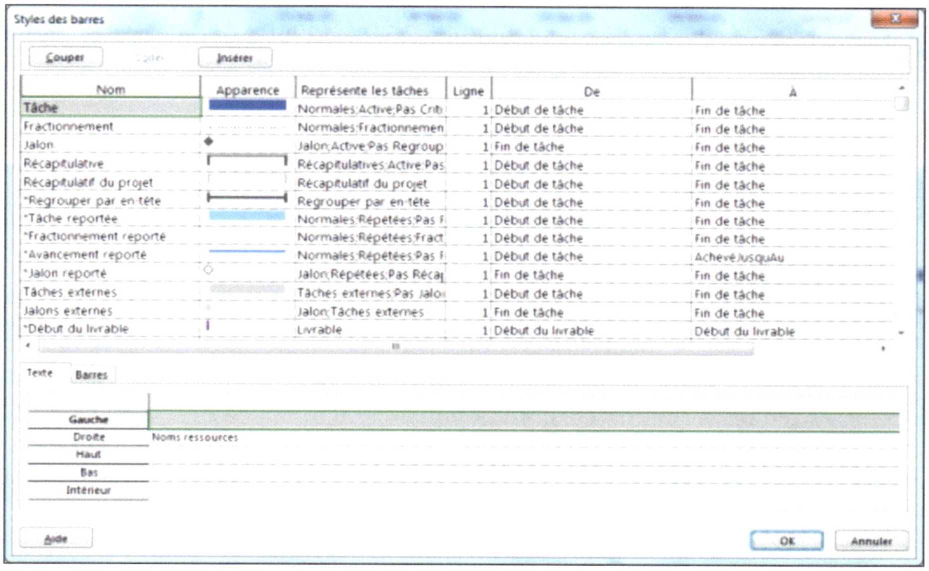

- **Le Quadrillage** est utilisé pour repérer facilement différentes dates du projet. En effet, il est intéressant de faire apparaître notamment la date d'état lors du suivi de projet.

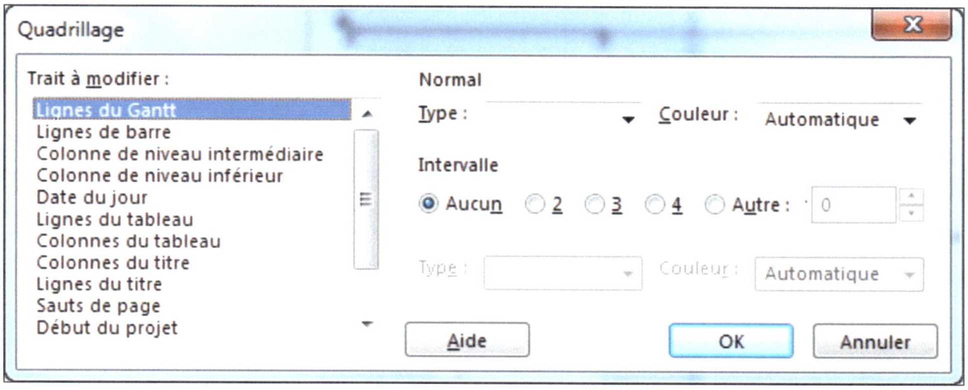

7.2 Sélectionner et adapter la table aux besoins

La table (fenêtre de gauche) peut être adaptée aux besoins de l'utilisateur :

- Onglet *Affichage*, groupe *Données*, bouton *Table*. Un raccourci consiste à cliquer sur le bouton droit de la souris dans la cellule située à l'extrémité supérieure gauche de la table.

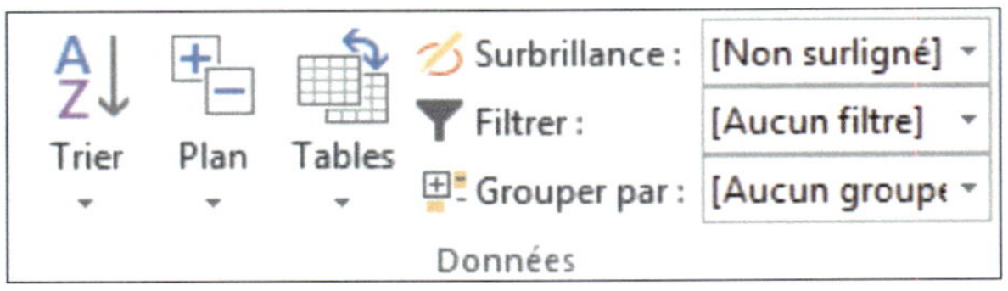

- Insérer ou masquer en cliquant droit sur l'en-tête de la colonne puis en sélectionnant Insérer ou Masquer une colonne.
- Adapter la hauteur des lignes en sélectionnant celles concernées puis en modifiant directement la hauteur de l'une d'elle.
- Modifier le style du texte : Onglet Format, groupe Format, bouton Style du texte.
- Trier les tâches en fonction des informations d'une colonne donnée en sélectionnant la clé de tri à partir de la flèche à droite de l'en-tête de colonne concernée.

- Filtrer en accédant au filtre de la colonne concernée par la flèche à droite de son en-tête.

7.3 Générer les rapports requis

Afficher la *Chronologie*

- Une chronologie représente les informations générales d'un projet. On y retrouve généralement les tâches et jalons clés. Vous pouvez y ajouter ce que vous jugez important et qui résume le projet. Voici un exemple de chronologie de projet comprenant les tâches de niveau 1 :

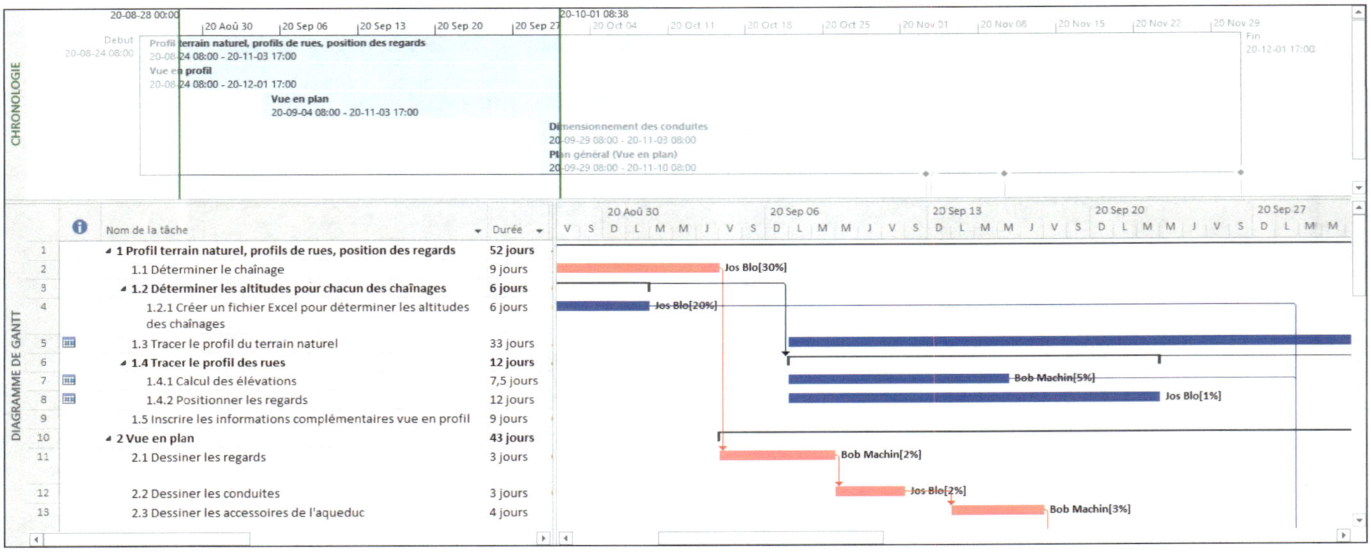

Afficher un rapport

- De l'onglet *Rapport*, groupe *Afficher les rapports*, vous avez accès à une foule de rapports graphiques que vous pouvez personnaliser.

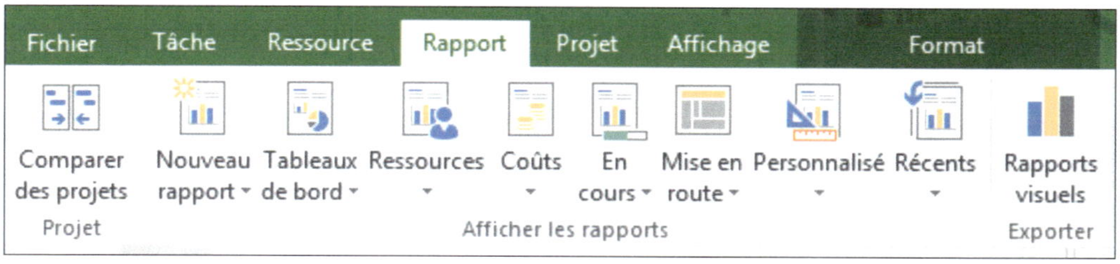

- À titre d'exemple, voici le rapport *Vue d'ensemble du travail* issu du menu *Tableau de bord*.

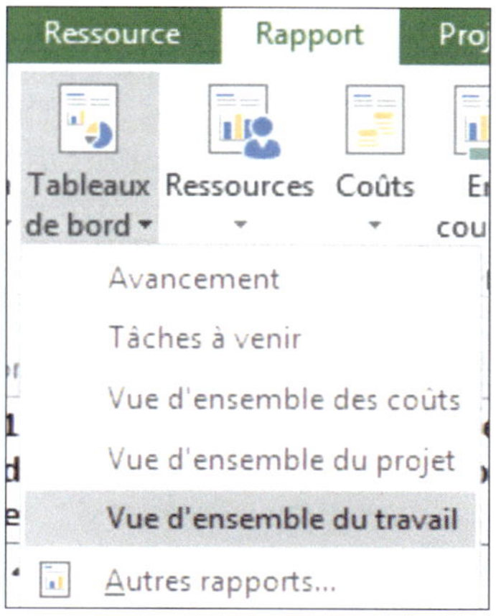

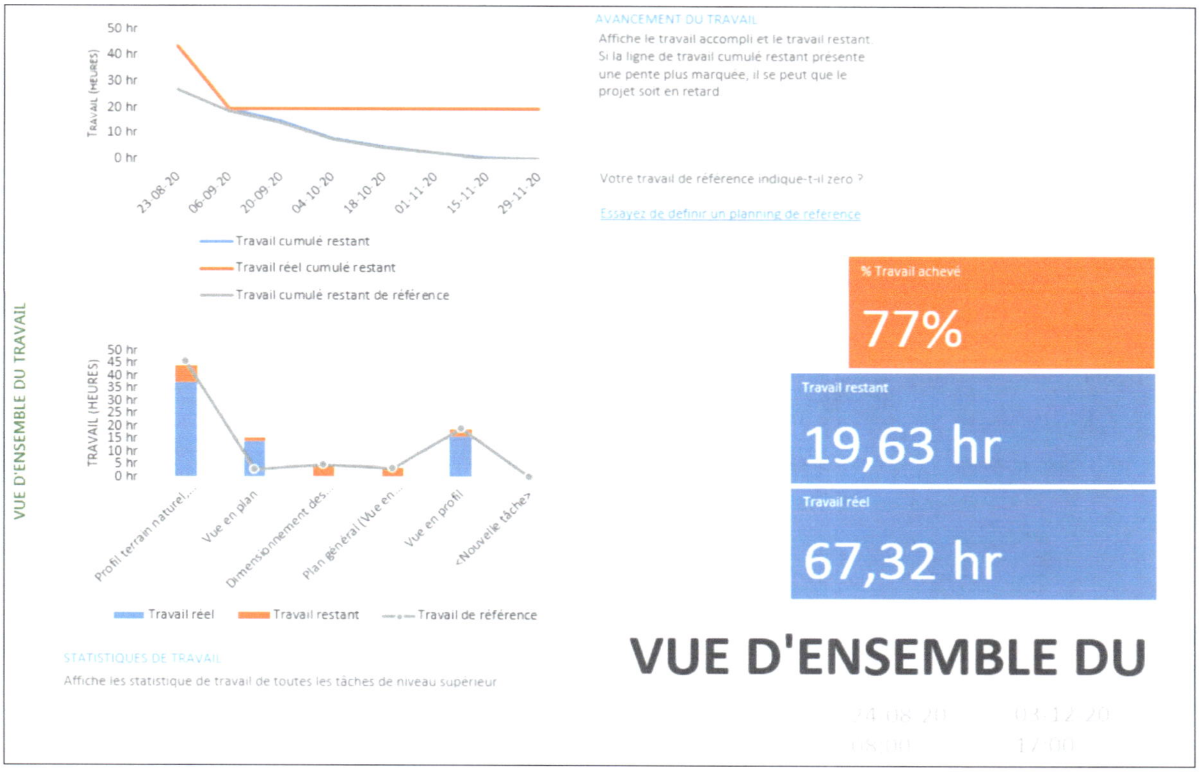

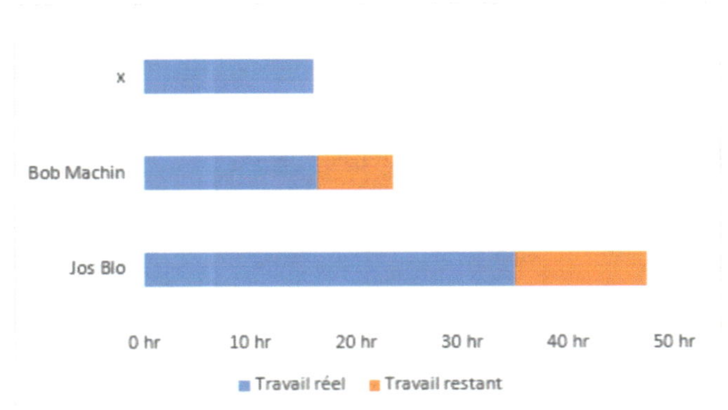

STATISTIQUES DES RESSOURCES

Affiche les statistiques de travail de toutes les ressources.

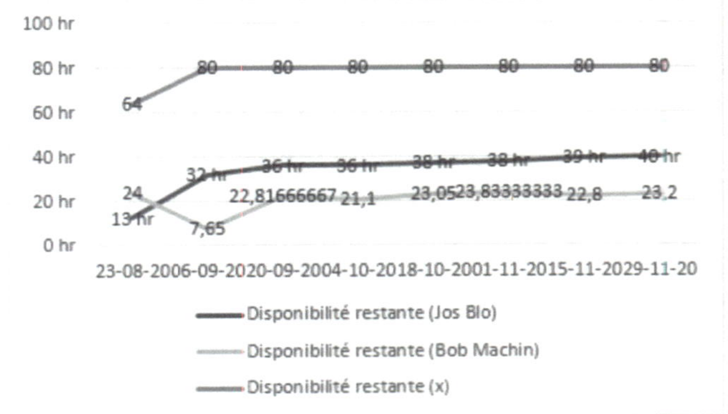

DISPONIBILITÉ RESTANTE

Affiche la disponibilité restante de toutes les ressources de travail.

- Il est également possible d'exporter les données vers Excel ou Visio afin d'obtenir un rapport visuel. Ainsi, l'exemple suivant représente le rapport du travail planifié. Il s'agit d'un tableau croisé dynamique créé avec Excel à partir des informations du projet.

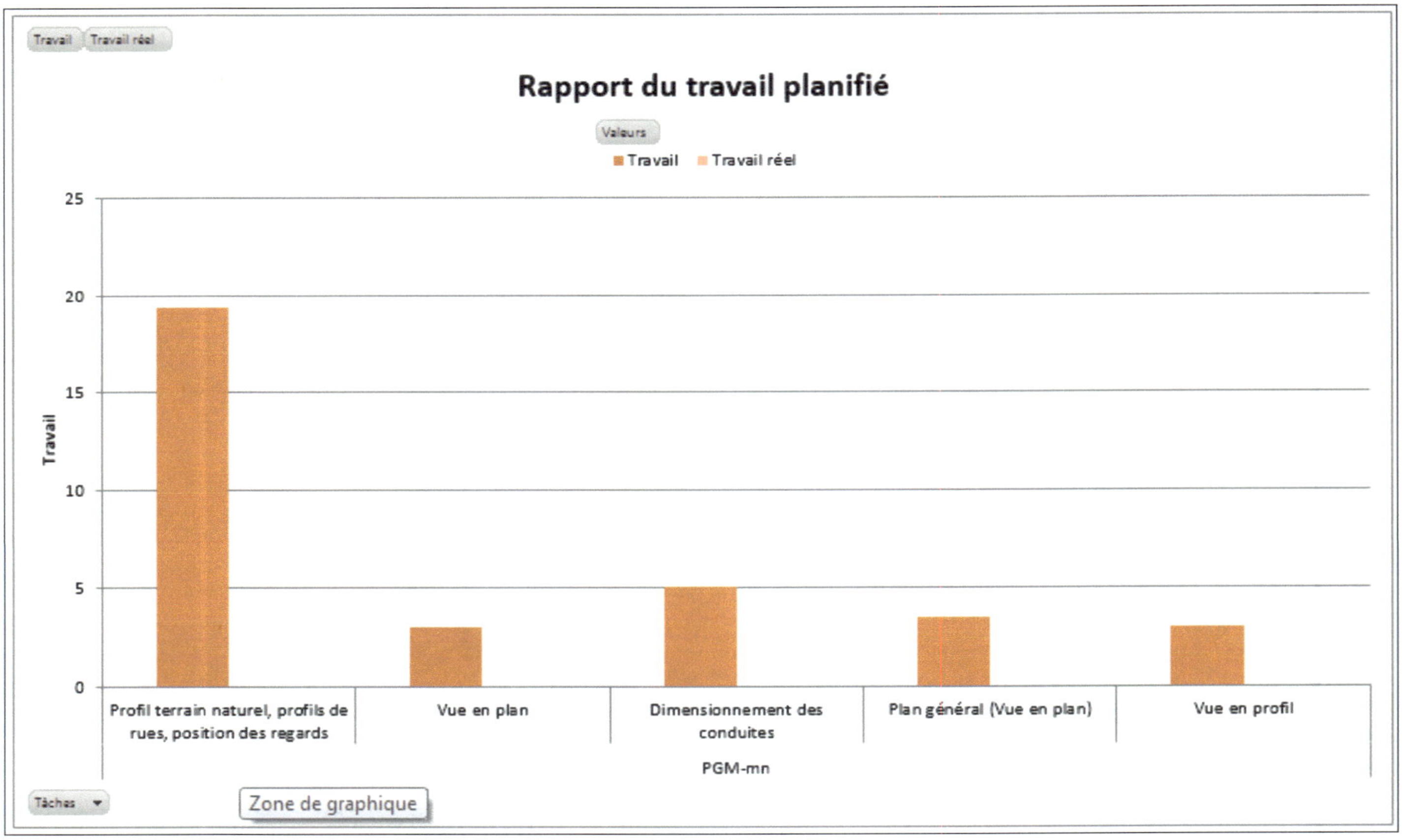

- Le lien suivant vous guidera sur la façon d'utiliser les rapports de Project : ***Créer un rapport Project → project-help → Office → Microsoft*** à l'adresse https://support.office.com/fr-fr/article/créer-un-rapport-project-6e74dc79-0e2d-480b-b600-3a466bf289a3

7.4 Saisir les informations de mise en page et imprimer

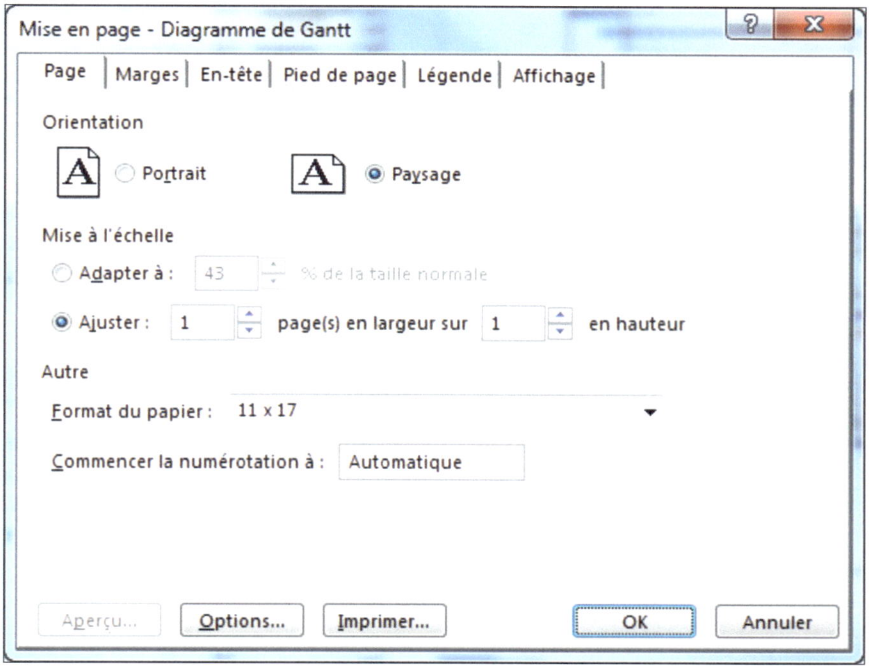

- Comme dans tous les logiciels de la famille Office vous pouvez mettre l'impression à l'échelle, ajuster les marges, ajouter des en-têtes et des pieds de page et contrôler l'affichage.
- Pour imprimer un Gantt dont les dimensions excèdent une page, nous vous conseillons de faire imprimer les colonnes pertinentes sur chacune des pages. Ainsi, dans l'exemple ci-après, l'auteur a demandé à Project d'imprimer les 5 premières colonnes sur toutes les pages.

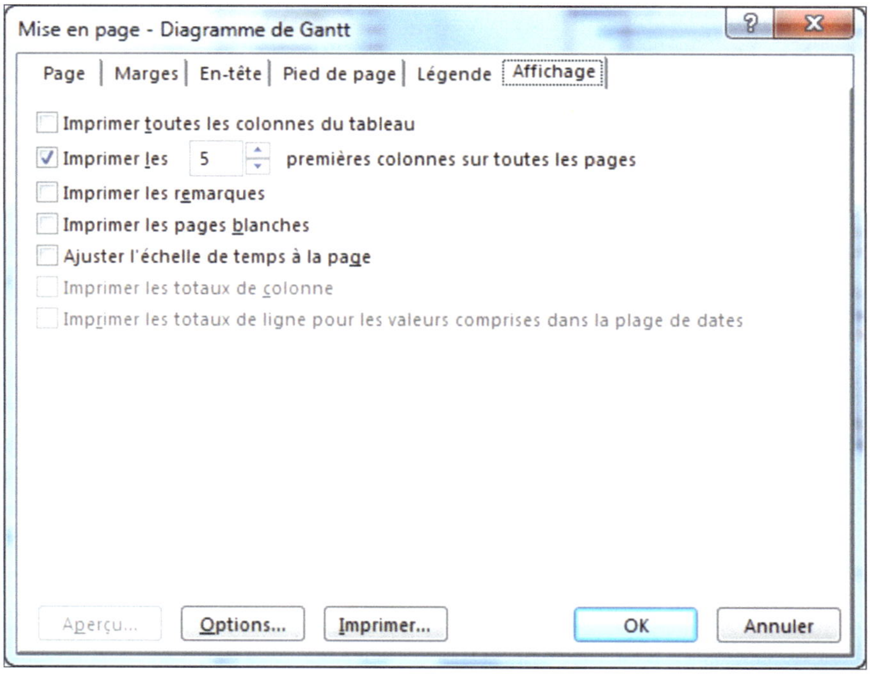

8 Mettre à jour la progression

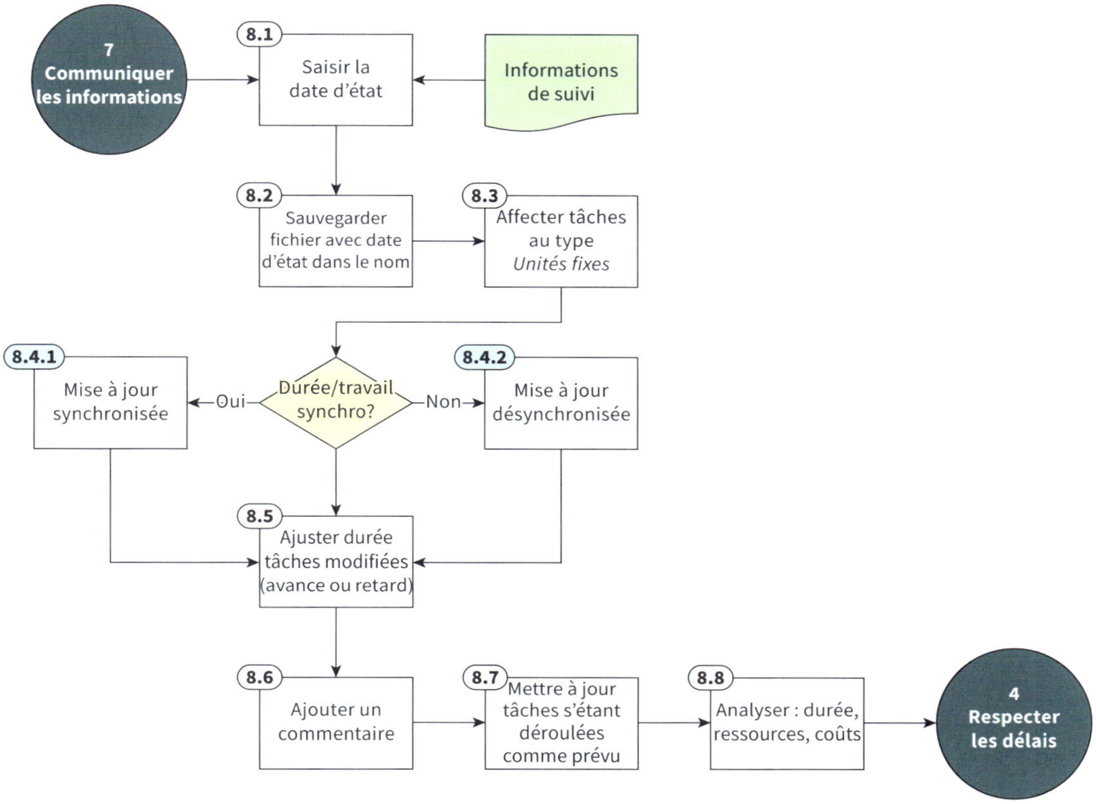

La mise à jour de l'avancement de votre projet est la seule façon de vous assurer que votre projet se déroule correctement au fur et à mesure que le travail est effectué. À ce stade, il est nécessaire de se concentrer sur la gestion des modifications, la mise à jour du calendrier et le suivi de la progression. Project assure le suivi de trois ensembles de dates : actuelle, planifiée et réelle. Lorsque vous définissez la planification initiale, Project recopie les valeurs des champs de date « actuelle » dans les champs de date « planifiée ». Lorsqu'une tâche est achevée à 100 %, actuelle = réelle. Il existe des valeurs planifiées, actuelles et réelles pour la date de début, la date de fin, la durée, le coût et le travail.

8.1 Saisir la date d'état

a) Dans l'onglet *Projet*, groupe *État*, il faut saisir la date d'état qui correspond à la date pour laquelle vous détenez les informations en fonction des activités réalisées dans le projet.

b) De l'onglet *Format*, groupe *Format*, sélectionner le bouton *Quadrillage*, menu *Quadrillage*.

c) Sélectionner, dans la colonne *Traits à modifier*, la *Date d'état*.

d) Sélectionner ensuite le type et la couleur du trait qui représentera la date d'état dans le diagramme de Gantt.

e) Visualiser la barre verticale représentant la date d'état dans le diagramme de Gantt.

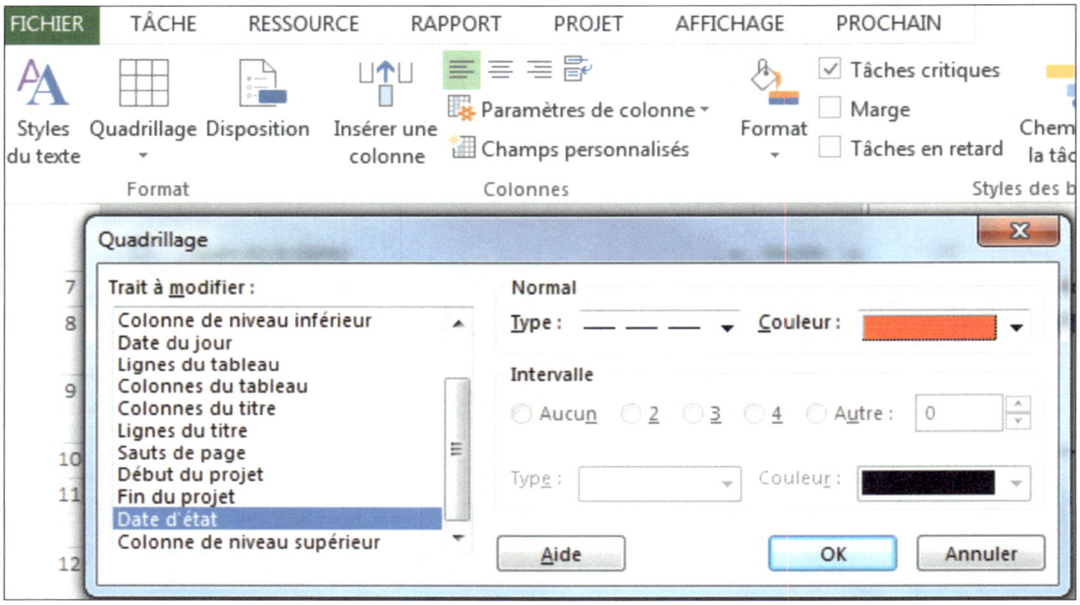

8.2 Sauvegarder le fichier en modifiant son nom en fonction de la date d'état

Sauvegarder le fichier par ***Fichier → Enregistrer sous***, en ajoutant la date d'état directement à la suite du nom du projet. Par exemple, si votre projet s'intitule *Réaménagement des installations.mpp* nous vous conseillons de le renommer *Réaménagement des installations – 21-09-2025.mpp*. Ce faisant, vous conservez une copie de sécurité du fichier avant les modifications et êtes en mesure de le récupérer en cas de problème. De plus, si vous découvrez une erreur de suivi à un moment donné, vous aurez la version de chacun des suivis pour vous sortir du pétrin.

8.3 Affecter toutes les tâches en *unité fixe*

a) Sélectionner toutes les tâches en cliquant sur le coin supérieur gauche de la table.

b) À partir de l'onglet *Tâches*, groupe *Propriétés,* bouton *Informations*.

c) De la fenêtre *Informations sur la tâche,* onglet *Avancé,* sélectionner le *Type de tâche* UNITÉ FIXE.

8.4 La durée/le travail est-il synchronisé?

8.4.1 Mise à jour synchronisée

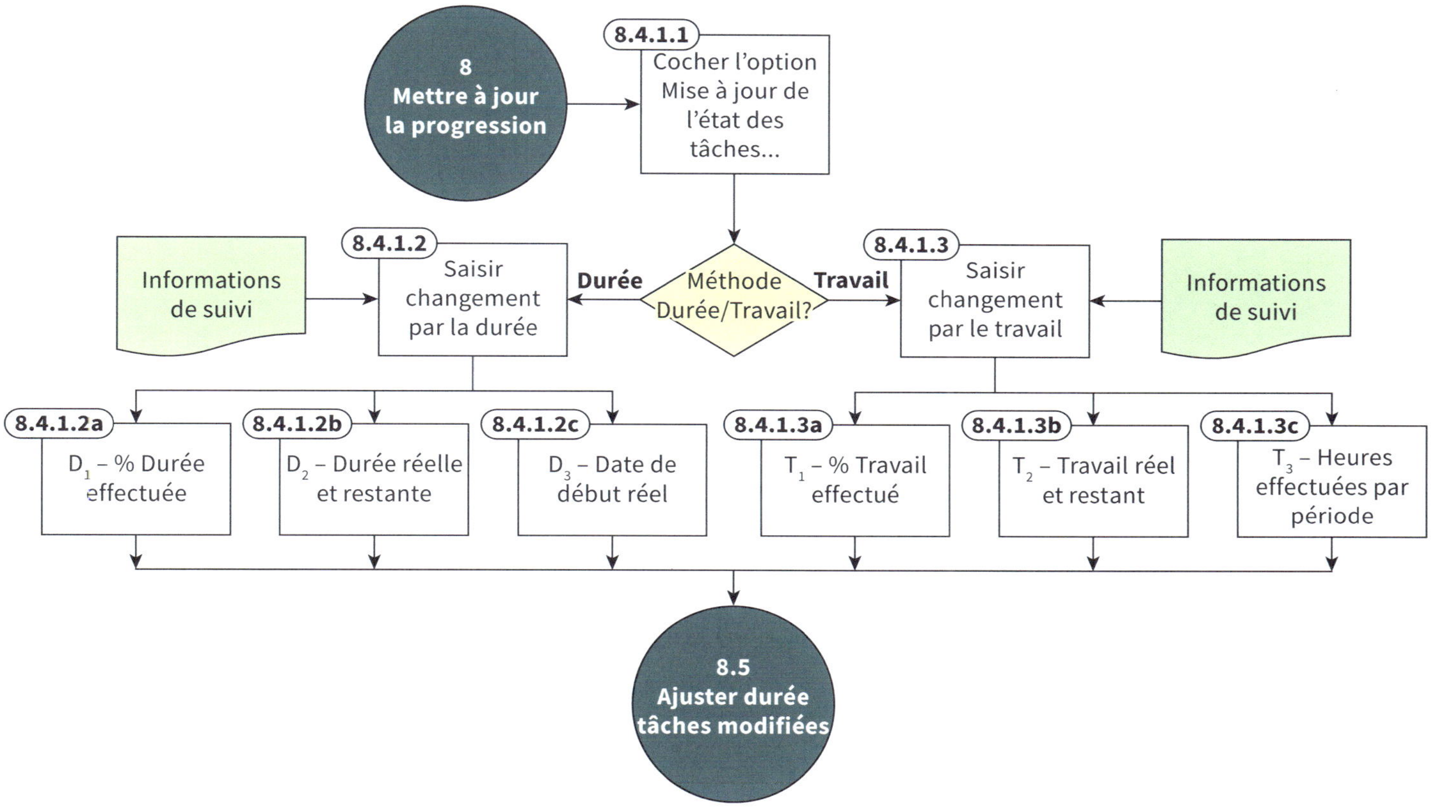

8.4.1.1 Cocher l'option *La mise à jour...*

Fichier → Options → Échéancier → La mise à jour de l'état des tâches entraîne la mise à jour de l'état des ressources.

La mise à jour de la progression par le travail requiert que le gestionnaire de projet spécifie qu'il désire ou non une synchronisation entre l'état des tâches et celui des ressources. Ainsi, par le menu *Fichier → Options →* dans le groupe *Planification*, *Options de calcul pour ce projet*, vous pouvez cocher ou non la case *La mise à jour de l'état des tâches entraîne la mise à jour de l'état des ressources*.

Case cochée : l'état des ressources **se mettra** automatiquement à jour lors de la mise à jour de l'état des tâches. De cette façon, si vous précisez, par exemple, qu'il y a 25 % du travail de réalisé, Project mettra à jour la durée du même pourcentage.

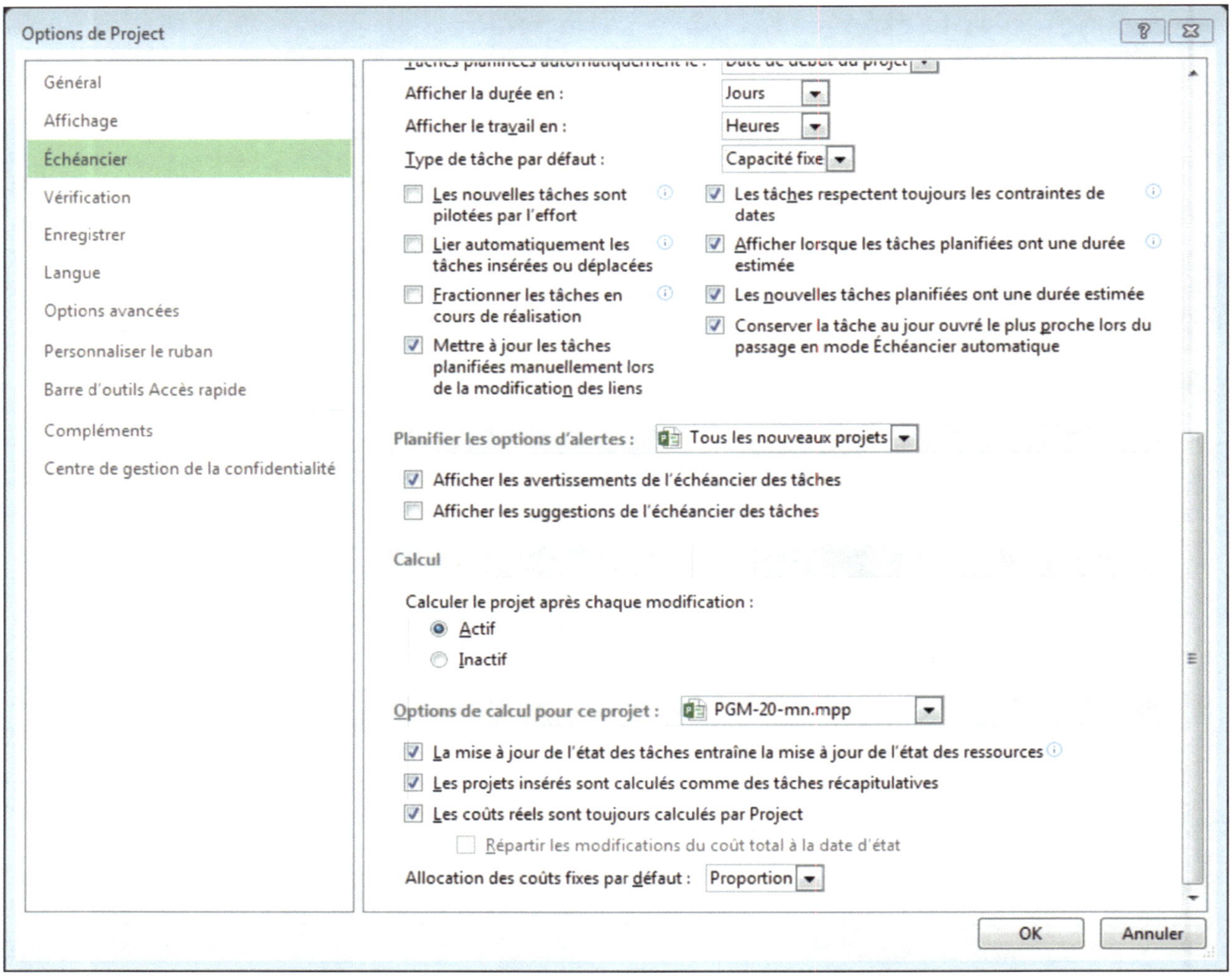

La mise à jour de l'état des tâches entraîne la mise à jour de l'état des ressources

Met automatiquement à jour l'état des ressources, comme le travail et le coût réels et restants, lorsque vous mettez à jour l'état de la tâche, comme le pourcentage achevé, la durée réelle ou restante.

Si vous activez cette case à cocher, l'état des tâches est également mis à jour automatiquement lorsque vous mettez à jour l'état des ressources.

8.4.1.2 Saisir le changement synchronisé par la *durée* : Onglet Tâches, section Planifier

N.B. Toutes les tâches doivent être en **unité fixe**.

a) Méthode D1 – % de durée effectuée :

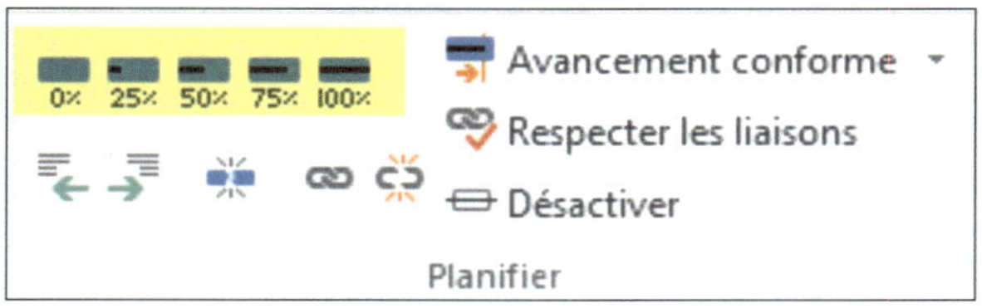

- Sélectionner la tâche concernée.
- Saisir, par le bouton approprié, le % de durée réalisée.
- Si le % d'achèvement ne se trouve pas dans les choix possibles, passez à la méthode D2.

b) Méthode D2 – Durée réelle et restante :

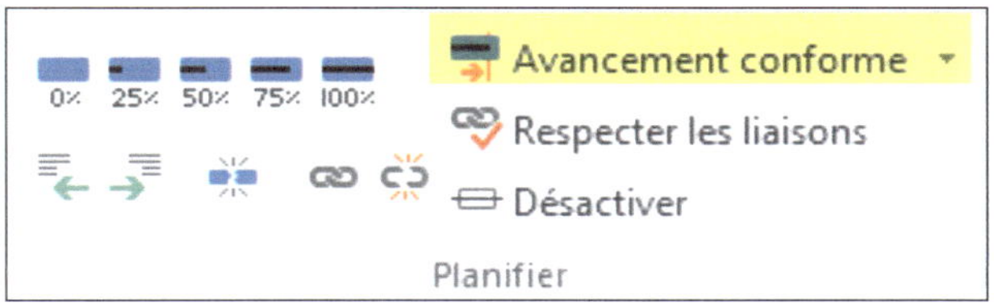

- Onglet *Tâches*, section *Planifier*, *Avancement conforme*, bouton *Mettre à jour les tâches*.
- Saisir le % précis de durée réalisé.
- **Ou** Saisir la durée réelle et/ou la durée restante et laisser Project recalculer les autres champs.

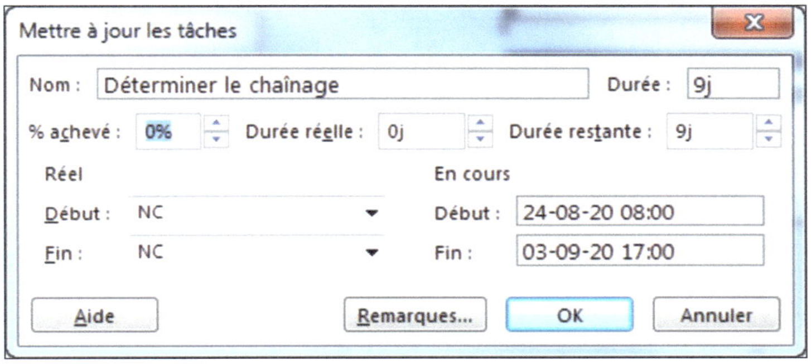

c) Méthode D3 – Date du début réel :

- Par la même fenêtre *Mettre à jour les tâches*, saisir le début réel s'il est différent de celui planifié.
- Saisir un ou deux des trois champs (% achevé, Durée réelle, Durée restante) et laisser Project recalculer les autres.

8.4.1.3 Saisir le changement synchronisé par le *travail* : Affichage Utilisation des tâches, Table travail (onglet *Affichage*, groupe *Données*)

a) Méthode T1 – % de travail effectué :

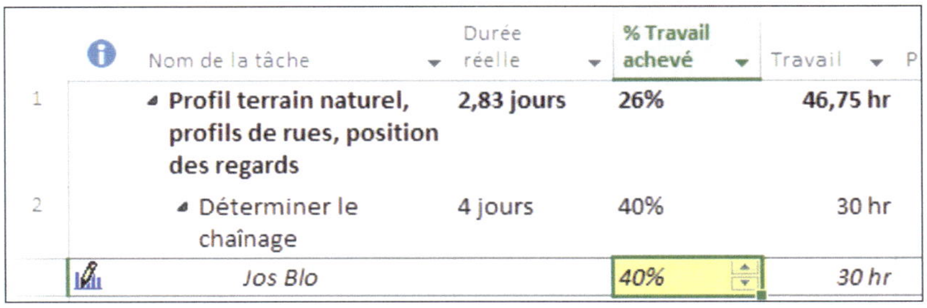

- Sélectionner la ressource concernée de la tâche ciblée.
- Saisir le % de travail achevé, dans la colonne appropriée.

b) Méthode T2 – Travail réel et restant :

		Nom de la tâche	Durée réelle	% Travail achevé	Travail
1		**Profil terrain naturel, profils de rues, position des regards**	**2,83 jours**	**26%**	**46,75 hr**
2		Déterminer le chaînage	4 jours	40%	30 hr
		Jos Blo		*40%*	*30 hr*

- Sélectionner la tâche concernée.
- Saisir le travail réel et/ou restant, dans la colonne appropriée.

		Nom de la tâche	Durée réelle	% Travail achevé	Travail	Planificati	Variation	Réel	Restant	% T. a
1		**Profil terrain naturel, profils de rues, position des regards**	**2,83 jours**	**26%**	**46,75 hr**	**45,75 hr**	**1 hr**	**12 hr**	**34,75 hr**	
2		Déterminer le chaînage	4 jours	40%	30 hr	27 hr	3 hr	12 hr	18 hr	
		Jos Blo		*40%*	*30 hr*	*27 hr*	*3 hr*	*12 hr*	*18 hr*	

c) Méthode T3 – Heures de travail effectuées :

- Ajouter « Trav. Réel » dans la partie de droite (en jaune) du tableau en cliquant sur le bouton droit de la souris et en sélectionnant Trav. Réel.

		Nom de la tâche	Durée réelle	% Travail achevé	Travail	Planificati	Détails	23 Aoû 20 D	L	M	M	J	V	S	30 Aoû 20 D
1		**Profil terrain naturel, profils de rues, position des regards**	**0 jour**	**0%**	**45,75 hr**	**45,75 hr**	**Trav.**		3h	3h	3h	3h	3h		
2		Déterminer le chaînage	0 jour	0%	27 hr	27 hr	Trav.		3h	3h	3h	3h	3h		
		Jos Blo		*0%*	*27 hr*	*27 hr*	Trav.		3h	3h	3h	3h	3h		

		Nom de la tâche	Durée réelle	% Travail achevé	Travail	Planificati	Détails	23 Aoû 20 D	L	M	M	J	V	S	30 Aoû D
1		**Profil terrain naturel, profils de rues, position des regards**	**0 jour**	**0%**	**45,75 hr**	**45,75 hr**	**Trav.**		3h	3h	3h	3h	3h		
							Trav. réel								
2		Déterminer le chaînage	0 jour	0%	27 hr	27 hr	Trav.		3h	3h	3h	3h	3h		
							Trav. réel								
		Jos Blo		*0%*	*27 hr*	*27 hr*	Trav.		3h	3h	3h	3h	3h		
							Trav. réel								

- Sélectionner la ressource de la tâche concernée et saisir les heures de travail réel effectuées pour chacune des périodes directement dans la case appropriée correspondant à Trav. Réel.

		Nom de la tâche	Durée réelle	% Travail achevé	Travail	Planificati	Variation	Réel	Restant	% T. ac	Détails	S	23 Aoû 20 D	L	M	M	J	V
1		**Profil terrain naturel, profils de rues, position des regards**	**2,79 jours**	**21%**	**46,75 hr**	**45,75 hr**	**1 hr**	**10 hr**	**36,75 hr**		**Trav.**			3h	3h	1h	0h	3h
											Trav. réel			3h	3h	1h	0h	3h
2		Déterminer le chaînage	4 jours	33%	30 hr	27 hr	3 hr	10 hr	20 hr		Trav.			3h	3h	1h	0h	3h
											Trav. réel			3h	3h	1h	0h	3h
		Jos Blo		*33%*	*30 hr*	*27 hr*	*3 hr*	*10 hr*	*20 hr*		Trav.			3h	3h	1h	0h	3h
											Trav. réel			3h	3h	1h	0h	3h

N.B. Ne saisissez pas de travail dans les cases *Trav.* car elle correspond au travail planifié. Cela modifierait donc la planification et non le travail réalisé.

- Recommencer les opérations de saisie du changement pour chacune des tâches **ne s'étant pas déroulées comme prévu** selon la méthode appropriée.

8.4.2 Mise à jour désynchronisée

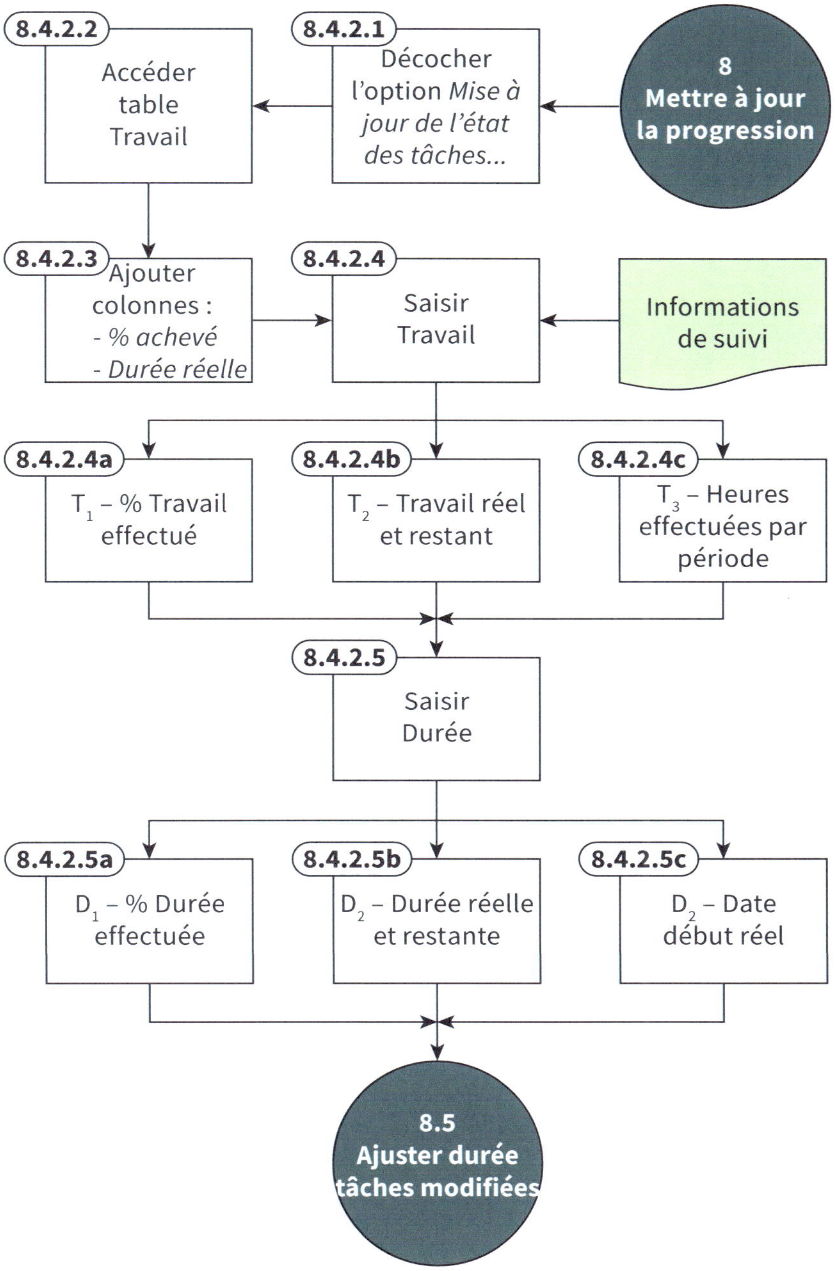

8.4.2.1 Décocher l'option *La mise à jour...*

Fichier → Options → Échéancier → La mise à jour de l'état des tâches entraîne la mise à jour de l'état des ressources.

Case non cochée : l'état des ressources **ne se mettra pas** automatiquement à jour lors de la mise à jour de l'état des tâches. De cette façon, le travail pourra être mis à jour indépendamment de la durée. Par exemple, après une semaine de durée sur une tâche de deux semaines, il pourrait n'y avoir que 24 heures (3 jours) de travail de réalisées. Cette tâche serait ainsi en retard par rapport à ce qui a été planifié. Le gestionnaire de projet devrait donc prendre les actions nécessaires pour corriger cette situation. Pour être en mesure de constater la différence entre les deux options de calcul, il s'agit de faire afficher, dans la table travail, en plus des colonnes existantes, les colonnes Durée et % achevées. Bien que cette situation soit davantage représentative de la réalité de la progression de plusieurs projets, elle demeure plus compliquée à gérer pour le responsable de projet.

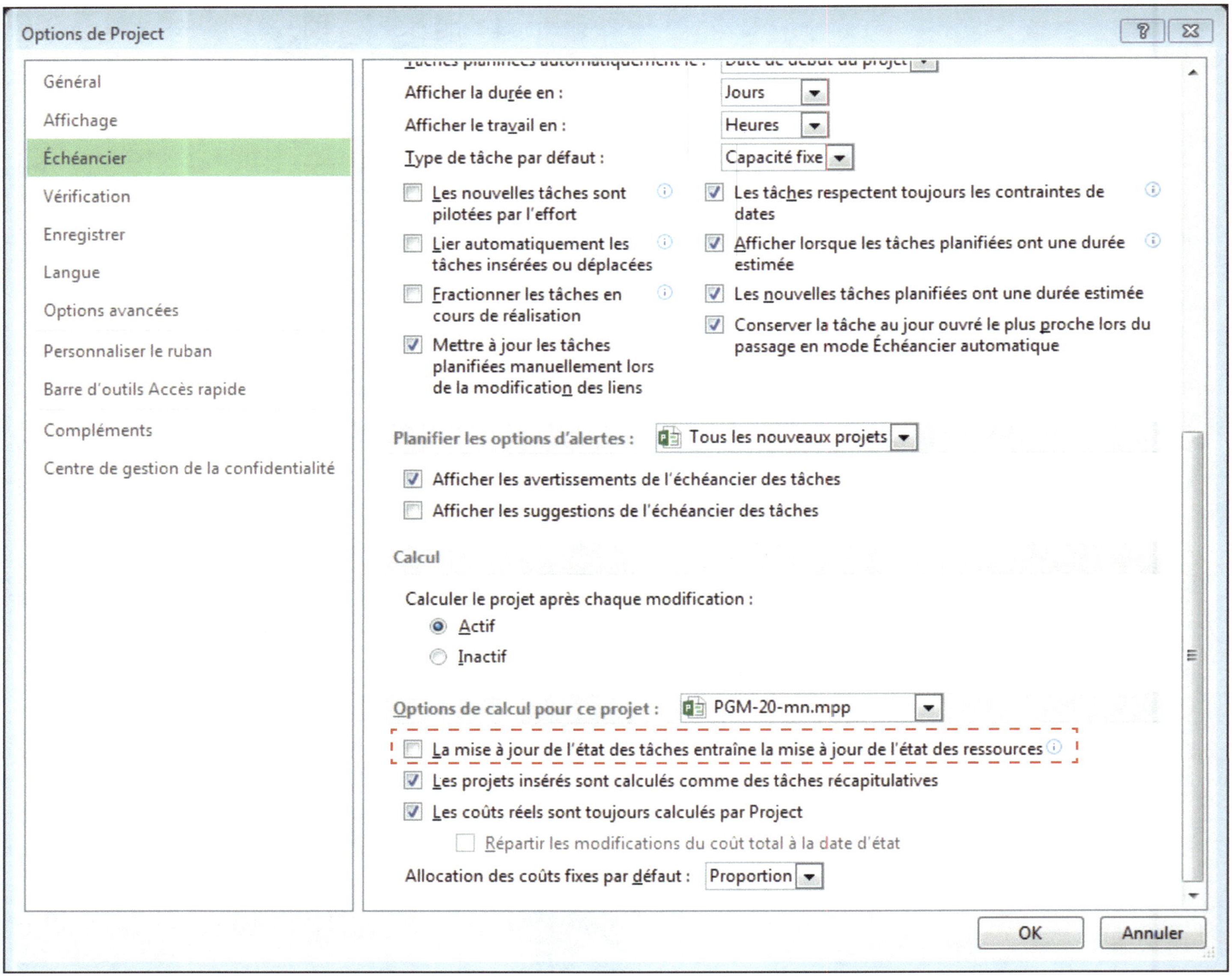

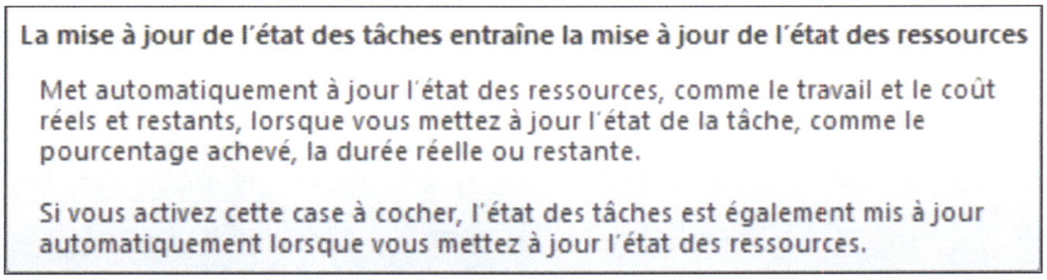

8.4.2.2 Saisir le changement désynchronisé : accéder à la table Travail

N.B. Toutes les tâches doivent être en **unité fixe**.

8.4.2.3 Ajouter les colonnes

- Durée réelle
- % achevée (Durée)
- % Travail achevé

8.4.2.4 Saisir le travail

Directement dans le champ approprié, selon la méthode choisie, en fonction de l'information disponible.

8.4.2.5 Saisir la Durée

Directement dans le champ approprié, selon la méthode choisie, en fonction de l'information disponible.

Dans l'exemple ci-contre, 5 jours de durée se sont écoulés tandis que 40 % du travail seulement a été réalisé. Ainsi, vous devez saisir le pourcentage de travail réalisé (40 %) dans la colonne *% Travail achevé* pour la ressource concernée de la tâche ciblée et 5 j dans la colonne *Durée* sur la tâche ciblée.

	Nom de la tâche	Durée réelle	% achevé	% Travail achevé	Travail	Planificati	Variation	Réel	Restant	D
1	**Profil terrain naturel, profils de rues, position des regards**	**3,49 jours**	**7%**	**26%**	**46,75 hr**	**45,75 hr**	**1 hr**	**12 hr**	**34,75 hr**	T T
2	Déterminer le chaînage	5 jours	45%	40%	30 hr	27 hr	3 hr	12 hr	18 hr	T T
	Jos Blo			*40%*	*30 hr*	*27 hr*	*3 hr*	*12 hr*	*18 hr*	T T
3	**Déterminer les**	**0 jour**	**0%**	**0%**	**4 hr**	**6 hr**	**-2 hr**	**0 hr**	**4 hr**	T

Notez que le pourcentage de travail achevé (40 %) diffère du pourcentage de durée réalisé (45 %). Cela signifie simplement que Jos Blo a complété 40 % du travail à faire sur la tâche *Déterminer le chaînage* alors qu'il y a 45 % de la durée qui est écoulée.

8.5 Ajuster la durée des tâches modifiées selon qu'elles sont en avance ou en retard

En *unité fixe*

a) Si une **tâche est en retard** par rapport à la date d'état, il faut planifier à nouveau le travail inachevé à partir de la date d'état. Ainsi, la partie du travail qui n'a pas été réalisée est planifiée à nouveau immédiatement après la date d'état. En **unité fixe**, il s'agit d'accéder au bouton *Déplacer* du groupe *Tâches* de l'onglet *Tâches* et de sélectionner le menu *Composants inachevés à la date d'état*.

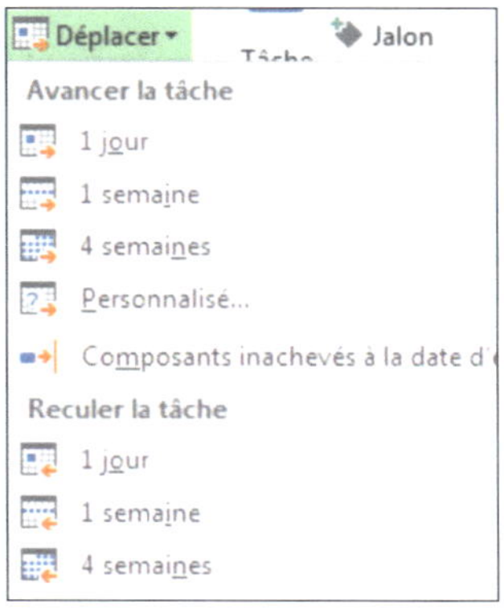

Par exemple, une tâche de 10 jours, *Déterminer le chaînage,* est complétée à 40 % (4 j sur 10) à la date d'état. La tâche est en retard. Le travail prévu et qui n'a pas été réalisé (1 j, le vendredi) doit être repris à partir du lundi suivant. Ainsi, la fonction Déplacer les *Composants inachevés à la date d'état* devra être utilisée.

Avant l'ajustement

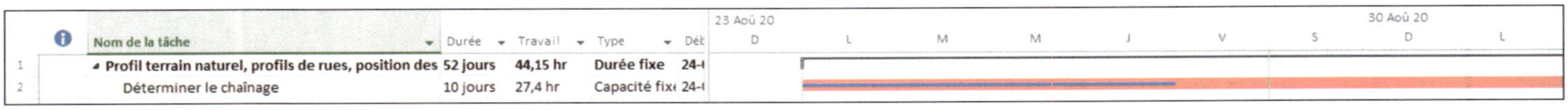

Après l'ajustement

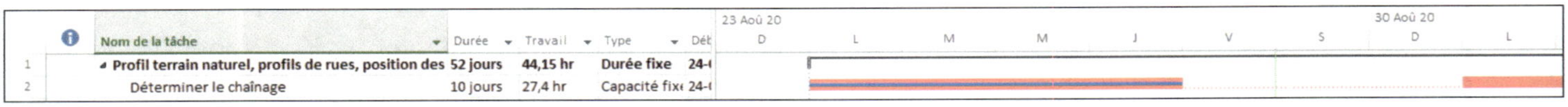

N.B. Pour que cette fonction soit opérationnelle, vous devez vous assurer que l'option *Fractionner les tâches en cours de réalisation* soit activée. On y accède par le Menu *Fichier → Options → Échéancier*.

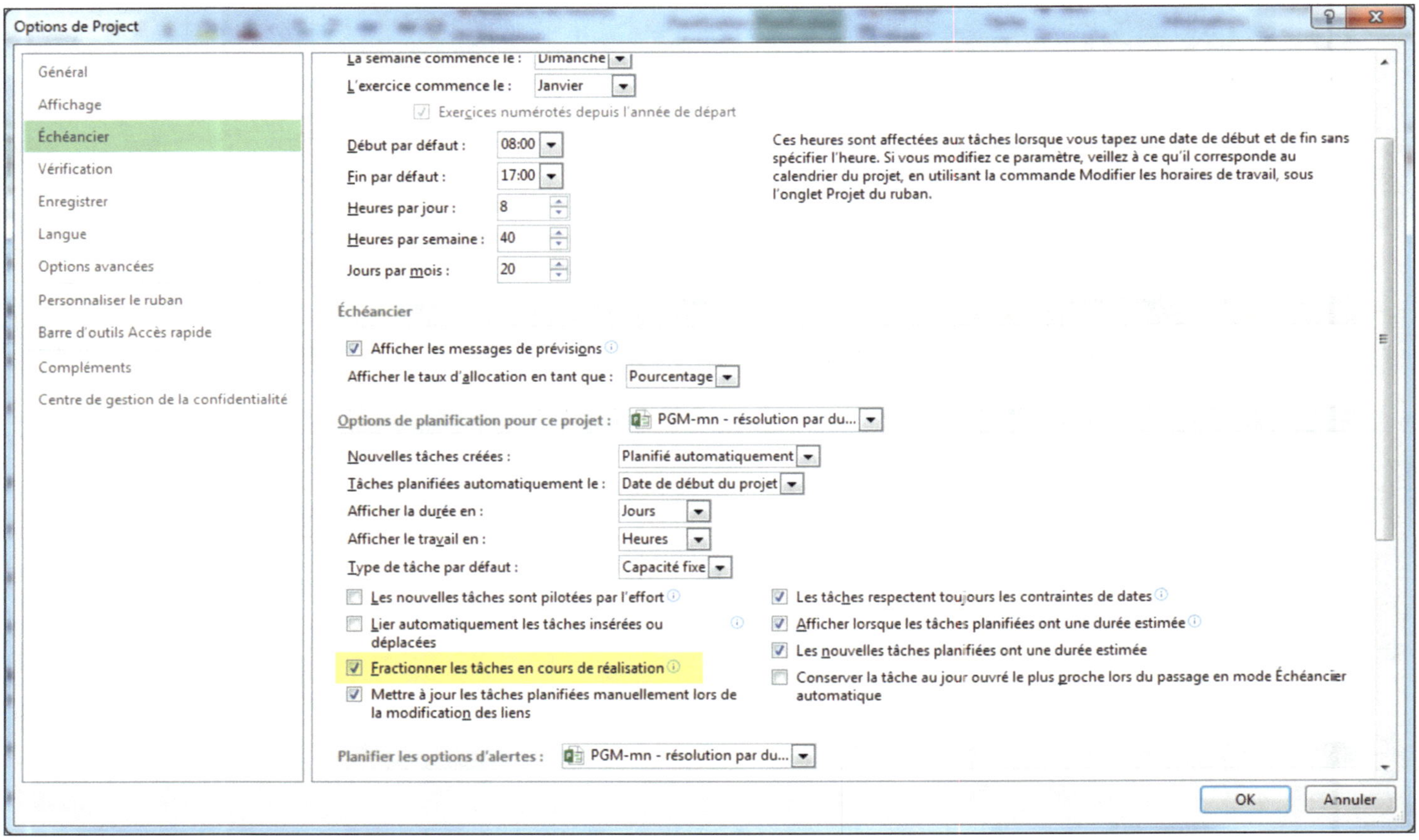

a) Si une **tâche est en avance** par rapport à la date d'état, il faut faire profiter l'ensemble du projet de ce gain[1]. Par exemple, si une tâche qui devait durer 10 jours est complétée à 75 % alors que seulement 5 jours se sont écoulés depuis qu'elle est débutée, il ne restera que 2,5 jours afin qu'elle soit terminée. Pour saisir ce changement correctement il faut :

1. S'assurer que le type da tâche concernée est en **unité fixe**.
2. Accéder la fenêtre *Mettre à jour les tâches*, accessible à partir du bouton *Avancement conforme* du groupe *Planifier* de l'onglet *Tâches*.
3. Saisir le % achevé (75 %), ou « flipper » ce pourcentage.
4. Saisir la durée réalisée depuis le début de la tâche (5 j).
5. Saisir un commentaire expliquant ce qui s'est passé.

Par exemple, une tâche de 10 jours, *Déterminer le chaînage,* est complété à 40 % (4 j sur 10).

Avant le changement

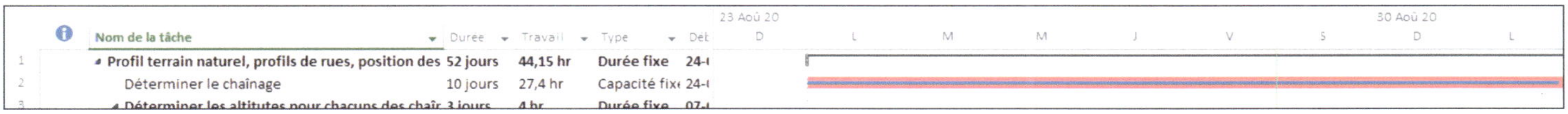

Après le changement

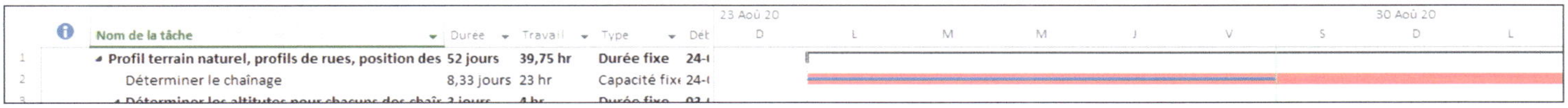

Vous constatez que la tâche qui était en avance par rapport à la date d'état a été ramenée à la date d'état. De plus, tout le projet peut bénéficier de cette avance. MS-Project a recalculé la nouvelle durée de la tâche, qui sera nécessairement plus courte que la durée originale. Ainsi, cette durée passera de 10 j à 8,33 j dans notre exemple. Project recalcule simplement la durée en fonction des informations fournies (5 j/60 % = 8,33 j).

8.6 Ajouter un commentaire

Bouton Remarques : Ajouter un commentaire indiquant les actions que vous avez prises.

[1] Notez que la décision de faire profiter l'ensemble du projet de l'avance d'une tâche demeure une décision administrative suggérée par les bonnes pratiques de gestion de projet. Cependant, le gestionnaire de projet pourrait en décider autrement en fonction de la situation qui prévaut.

8.7 Mettre à jour les tâches s'étant déroulées comme prévu

a) Sélectionner les tâches s'étant déroulées comme prévu.

b) Cliquez sur le bouton Avancement conforme (Onglet Tâches, section Planifier).

ou

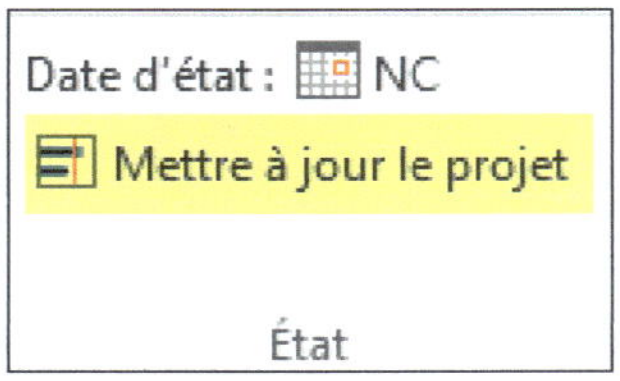

c) Par la fenêtre *Mettre à jour le projet* accessible par le bouton *Mettre à jour le projet*, du groupe *État* de l'onglet *Projet*.

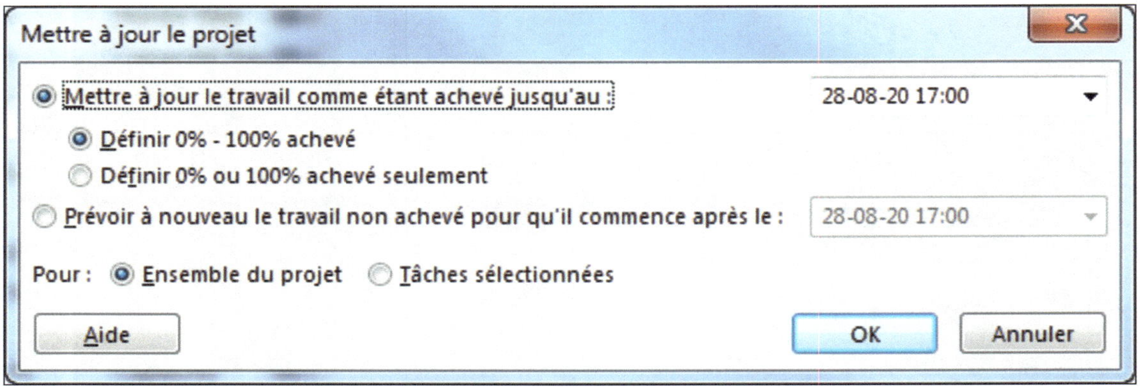

8.8 Analyser : Durée, ressources et coûts (Retourner à l'étape 4 lorsque nécessaire)

À la suite de toute action de suivi, il faut analyser le projet et en déceler les écarts de durée, de travail, de coûts ainsi que la présence de conflits de ressources. Dans le cas d'écarts de durée et de conflits de ressources, il est impératif de réviser la planification de façon à respecter les caractéristiques du planning de référence. Pour ce faire, il faut retourner à l'étape 4 de ce guide où sont proposées des méthodes de réduction de durée et de résolution de conflits.

9 | Fonctionnalités supplémentaires

Dans les sections précédentes, vous avez appris à réaliser le cycle complet de planification et de suivi d'un projet. Il existe plusieurs autres fonctionnalités de MS-Project qui peuvent vous être utiles, en voici quelques-unes :

9.1 Réaliser un lien dynamique pour créer une tâche hamac ou une échéance

a) Il arrive que certaines tâches comme pour la gestion par exemple, nécessitent que la durée ou la date dépende d'une autre tâche. Dans le cas d'une tâche hamac, la durée est établie en fonction du début d'une tâche et de la fin d'une autre tandis qu'une échéance peut être liée à un jalon. Pour réaliser ce type de tâches, il s'agit d'insérer un lien dynamique dans les champs *Début* et *Fin.*

b) Pour ce faire, vous devez copier la date de la tâche à laquelle le début de la tâche est lié et par un collage spécial, coller avec liaison, dans le champ Fin de la tâche hamac.

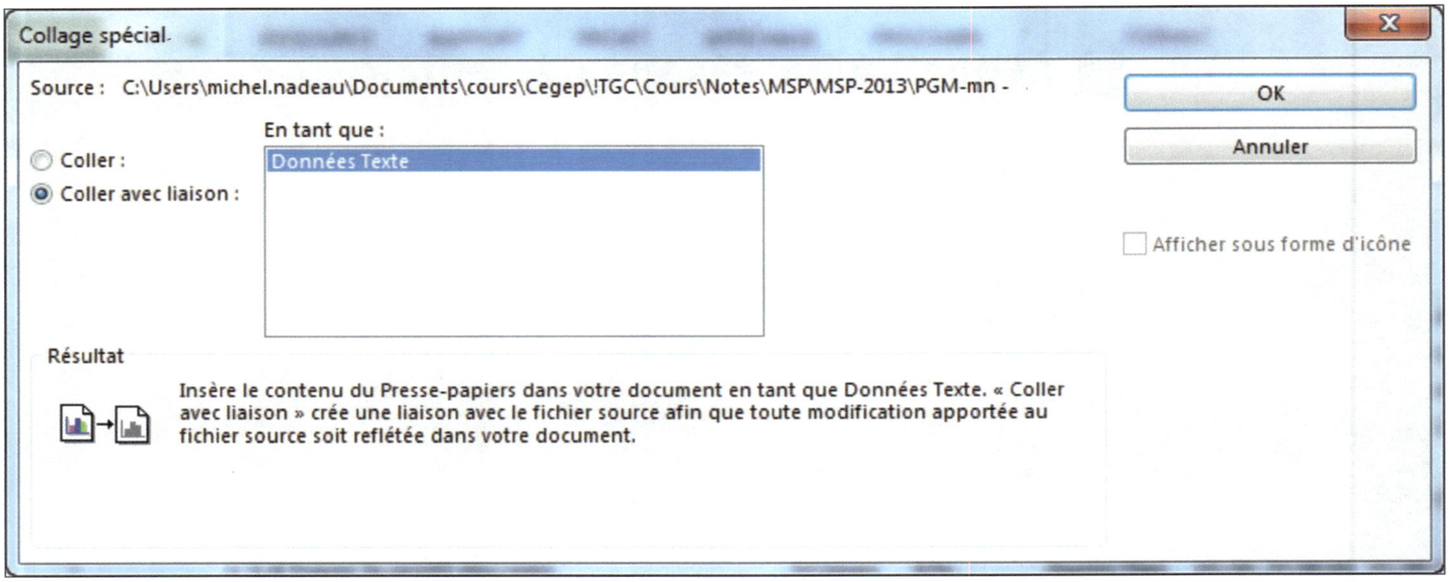

c) La longueur de la tâche hamac s'ajustera automatiquement en fonction des dates de début et de fin auxquelles elle est liée tandis que l'échéance sera liée à la date du jalon.

d) La tâche hamac affichera dorénavant une contrainte dure et ses champs Début et Fin seront affectés d'un petit triangle gris dans la partie inférieure droite de la cellule de chacun, comme vous pouvez le constater dans l'exemple ci-dessous.

e) Pour davantage d'information sur le sujet, vous pouvez référer au site suivant :

https://support.microsoft.com/fr-ca/help/141733/prj-how-to-build-a-hammock-task

9.2 Visualiser le chemin d'une tâche donnée

a) À partir du menu Format, groupe *Style de barres*, bouton *Chemin de la tâche*, vous pouvez demander à MS-Project d'afficher les prédécesseurs et successeurs d'une tâche donnée.

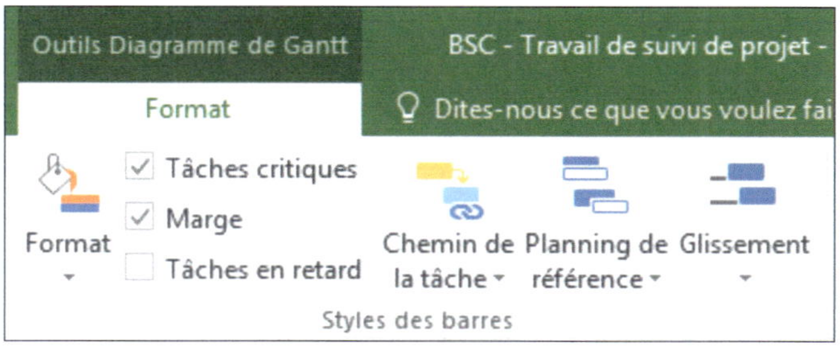

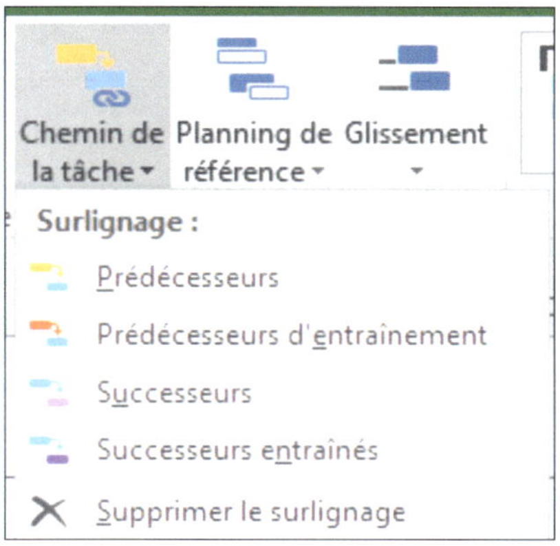

b) Quatre affichages sont disponibles :

- **Prédécesseurs** : Toutes les tâches qui précèdent la tâche sélectionnée.
- L'exemple ci-après indique que les tâches A et B précèdent la tâche C.

– L'exemple ci-après indique que la tâche C seulement précède la tâche E

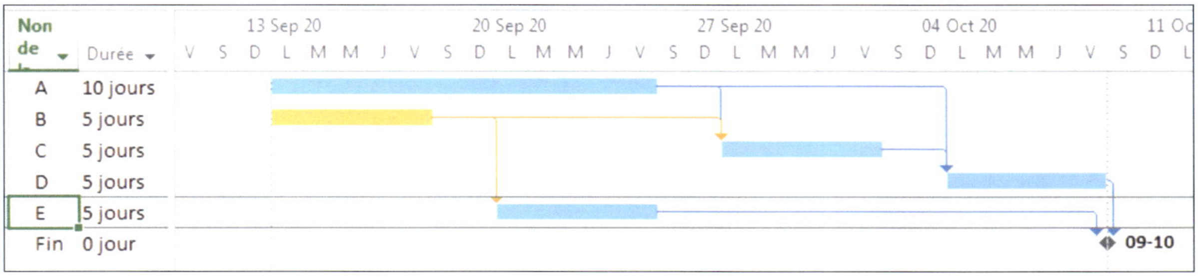

- **Prédécesseurs d'entraînement** : Les tâches précédentes qui ont un impact direct sur la tâche sélectionnée, c'est-à-dire qui ne possèdent aucune marge libre.
  - la tâche A influence directement la tâche C.

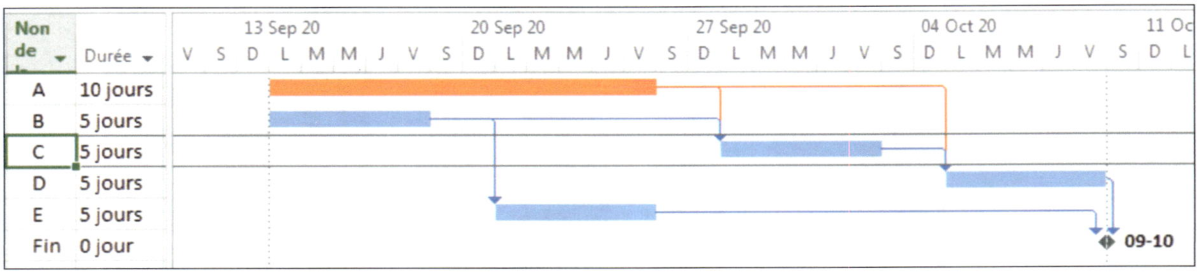

  - la tâche E n'est influencée que par la tâche B.

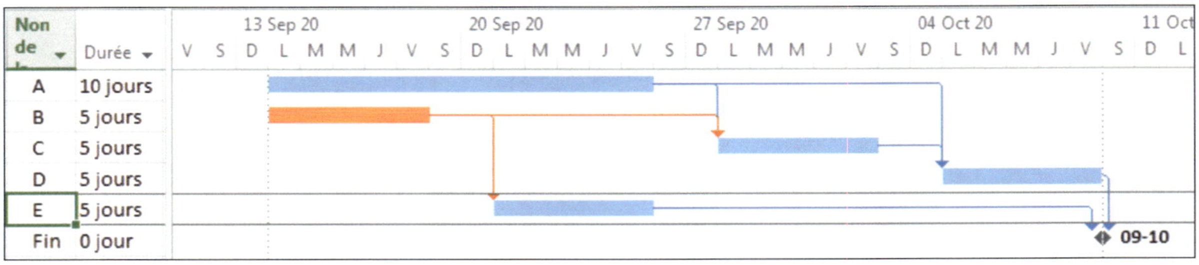

- **Successeurs** : Toutes les tâches qui succèdent la tâche sélectionnée.
  - Les tâches C, D et E succèdent à la tâche B.

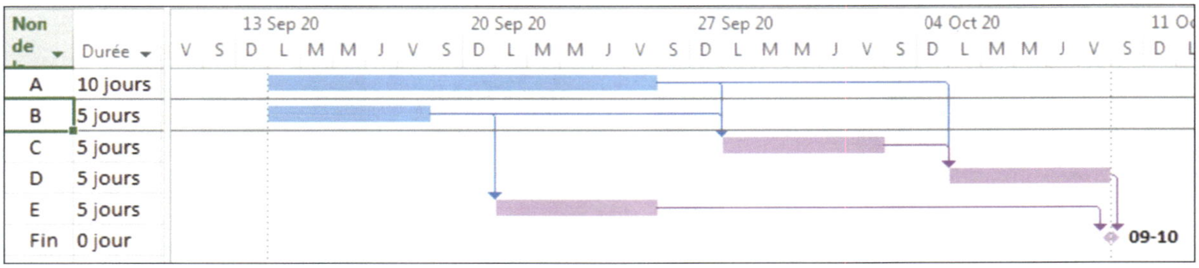

- **Successeurs d'entraînement** : Les tâches qui succèdent qui sont directement influencées par la tâche sélectionnée, c'est-à-dire qui ne possèdent aucune marge libre.
  - La tâche E seulement est influencée par la tâche B.

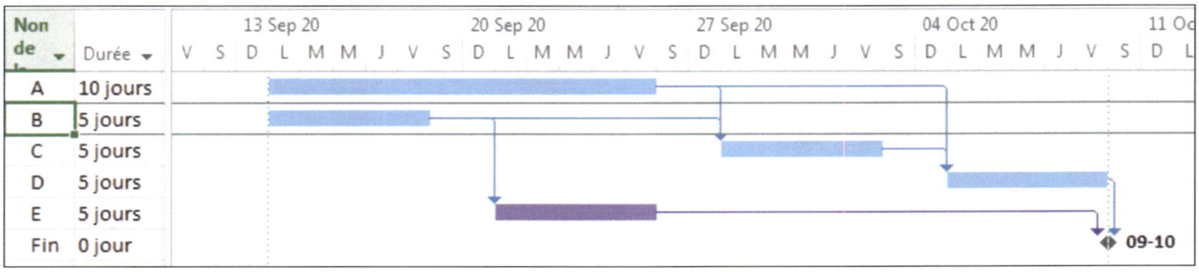

9.3 Ajuster l'espacement de l'échelle de temps

a) Il est possible de modifier l'espacement de l'échelle de temps de façon à visualiser davantage ce que l'on désire à l'écran comme à l'impression.

b) Pour ce faire, accédez à l'échelle de temps en double-cliquant sur celle-ci. Dans le champ **Taille**, modifier à votre guise l'échelle pour correspondre à vos besoins.

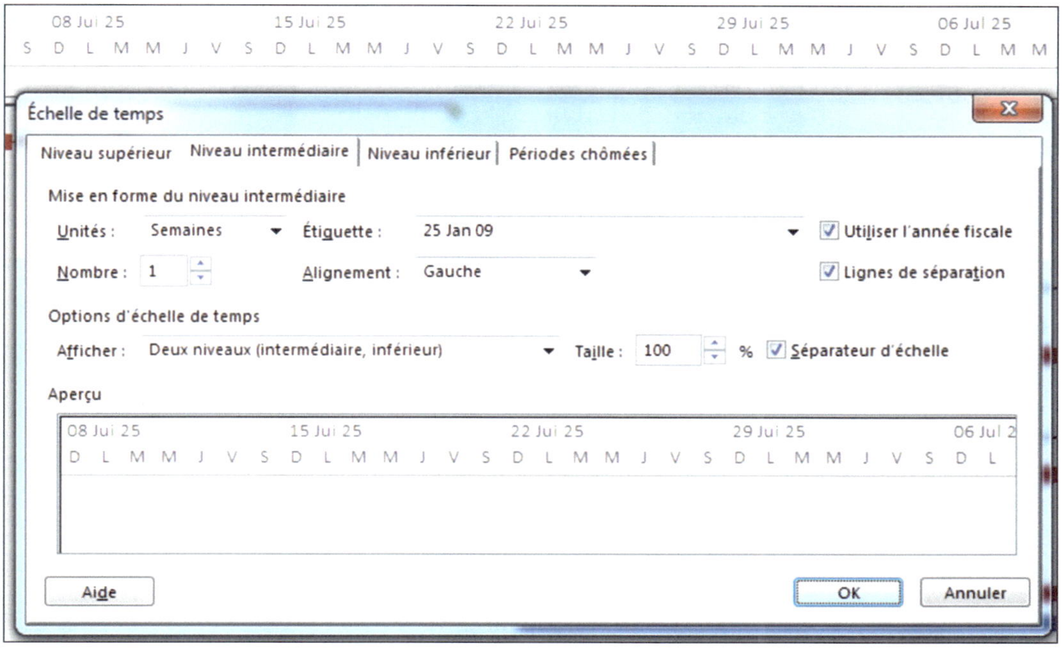

c) Après modifications de la **Taille** à 75 %, notez que le calendrier se rend jusqu'au samedi de la semaine du 13 juillet. Par conséquent, nous pouvons voir une plage de temps plus grande.

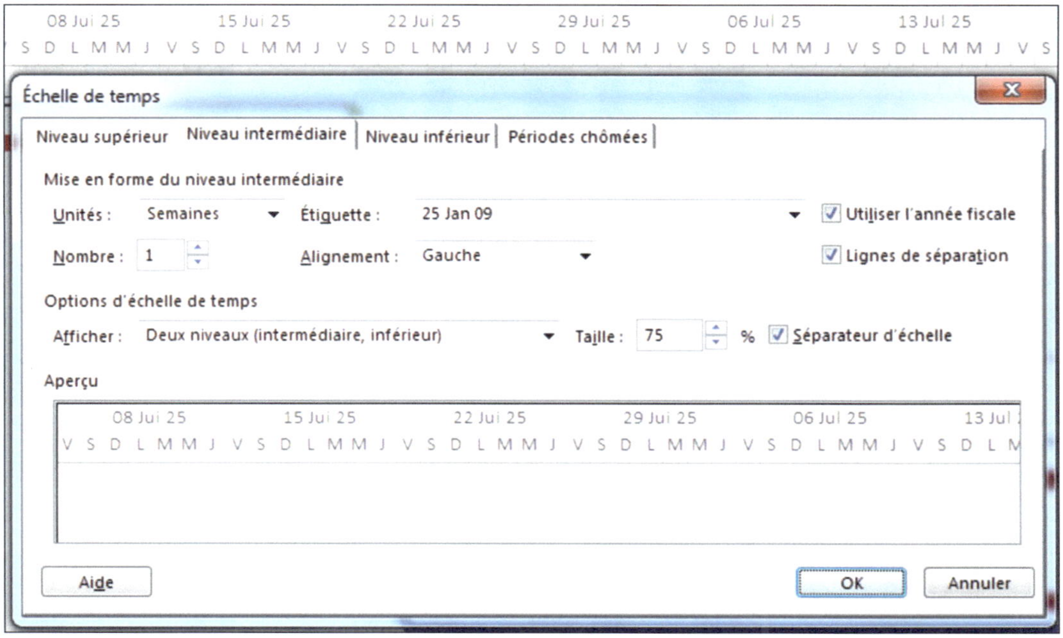

Index

R

S

T

U

W

Made in United States
Cleveland, OH
25 October 2026

46793527R00041